Levante seu astral

Marcelo Cezar & Helton Villani

© 2017 por Marcelo Cezar e Helton Villani
© iStock.com/kobrin_photo

Coordenadora editorial: Tânia Lins
Coordenador de comunicação: Marcio Lipari
Capa e projeto gráfico: Jaqueline Kir
Preparação e revisão: Mônica Gomes d'Almeida

1ª edição — 1ª impressão
5.000 exemplares — agosto 2017
Tiragem total: 5.000 exemplares

**CIP-BRASIL — CATALOGAÇÃO NA PUBLICAÇÃO
(SINDICATO NACIONAL DOS EDITORES DE LIVROS, RJ)**

C419L

    Cezar, Marcelo
    Levante seu astral / Marcelo Cezar, Helton Villani. -- 1. ed. - São Paulo : Vida & Consciência, 2017.
    200 p. ; 21 cm

    ISBN 978-85-7722-532-3

    1. Projeção astral. 2. Espiritismo. 3. Bem-estar. I. Villani, Helton. II. Título.

17-40385CDD: 133.95
CDU: 133.9

Todos os direitos reservados. Nenhuma parte desta edição pode ser utilizada ou reproduzida, por qualquer forma ou meio, seja ele mecânico ou eletrônico, fotocópia, gravação etc., tampouco apropriada ou estocada em sistema de banco de dados, sem a expressa autorização da editora (Lei nº 5.988, de 14/12/1973).

Este livro adota as regras do novo acordo ortográfico (2009).

Vida & Consciência Editora e Distribuidora Ltda.
Rua Agostinho Gomes, 2.312 — São Paulo — SP — Brasil
CEP 04206-001
editora@vidaeconsciencia.com.br
www.vidaeconsciencia.com.br

*A captação de energias
é um fato, mesmo
para aqueles que não
acreditam nelas.*

Sumário

Introdução 7
1 – Um novo mundo 11
2 – Magnetismo 21
3 – O homem visto como ser integral 28
4 – Os cinco sentidos 41
5 – Como suas crenças afetam a aura 52
6 – O sexto sentido 57
7 – O sétimo sentido 70
8 – Ligações energéticas 80
9 – Mediunidade e paranormalidade 85
10 – Formas-Pensamento, egrégoras e mente social 94

11 – Faixas astrais		105
11.1 – Primeiro astral superior		108
11.2 – Segundo astral superior		122
11.3 – Terceiro astral superior		134
11.4 – Primeiro astral inferior		141
11.5 – Segundo astral inferior		147
11.6 – Terceiro astral inferior		156
12 – Questões para reflexão		164
13 – Mestre Zalu e sua história		185
Afinal, para que serve este livro?		187
Agradecimentos		191

Introdução

Estou aqui para viver intensamente.

Émile Zola

Vivemos uma época em que muita explicação precisa ser dada sem a capa de mistério. Necessitamos apresentar ao público uma linguagem nova, uma espiritualidade renovada, tirar a adoração, o fanatismo, porque, quando o indivíduo morre, o que se leva em conta é a responsabilidade de acordo com sua personalidade e com a maneira pela qual enxergava a vida quando estava no planeta. Mais nada.

De uns tempos para cá, há uma ou outra religião que trabalha num círculo vicioso. A pessoa frequenta um centro espírita, tenda, terreiro ou similar, faz consulta, toma passe, volta, toma passe de novo para ver se melhora e, depois de um mês, ela retorna para nova consulta e mais passes. Após um ano, persiste e se acomoda com as consultas e os passes, num ciclo interminável de tratamento espiritual.

Não há dúvida de que participar de uma reunião espiritual faz tremendo bem, embora a frequência, em si, não tenha nada a ver diretamente com a saúde mediúnica, fluídica ou energética da pessoa.

O que nos motivou a escrever, portanto, foi observar determinados comportamentos viciados que perduram naqueles que buscam tratamento e apoio em centros espíritas.

Ocorre que a pessoa vai ao centro espírita sentindo-se vítima, coitada, injustiçada. Sempre o problema é externo: alguém lhe fez mal, o mundo é opressivo e a maltrata, ninguém a entende ou, ainda, porque algum espírito ou um bando deles a está obsediando e atrapalhando seu casamento, seu trabalho, sua saúde, sua vida.

É sempre algo que a está perturbando e ela não tem, aparentemente, nada a ver com isso. É como se fosse escolhida e pega ao acaso, colocada em prova ou sofrimento por questões cármicas ou pendências de vidas passadas. Nunca passa pela sua cabeça a possibilidade de ela mesma ser responsável por toda aquela desgraça que a jogou no fundo do poço. Jamais.

Pois bem. Ela precisa de tratamento e o recebe, um alívio, sem dúvida. Nunca lhe serão negados auxílio e tratamento espiritual. Qualquer pessoa que coloque os pés em uma casa espírita sabe que será bem acolhida e amparada. Sempre.

Contudo, depois de passar por triagem, conversa, passes ou sessões de desobsessão, quando necessário, volta, alegando que nada mudou. Recebe novo tratamento, retorna, e assim vai.

Com o tempo, ela percebe que o centro espírita não é tão "bom assim", que os médiuns daquela casa não resolveram o problema dela. Daí, quica de centro em centro, de igreja em igreja, de religião em religião, e tal comportamento vai exigir muito dela, até que consiga algum resultado, uma melhora, mas será um alívio temporário. Por quê?

Porque só trabalhou nos efeitos e não na causa. O passe alivia e retira as energias pesadas que estão ao redor, mas ela continua presa à negatividade do mundo, à maledicência, à crítica consigo mesma e com todos ao redor. A pessoa, por sua vez, também não mudou o comportamento que atrai espíritos sofredores para seu lado, que faz com que os parentes a tratem mal, que faça o marido, os filhos e os colegas de trabalho desrespeitarem-na.

Não haverá centro espírita, tenda de umbanda, igreja católica, evangélica, protestante, batista, templo budista, ou qualquer outro local de manifestação de fé que vai aliviar sua dor, ou amenizar seu sofrimento em longo prazo, porque ela não muda sua maneira de encarar os fatos, não quer enxergar a vida por um ângulo mais positivo, não percebe que é sensível e precisa educar sua sensibilidade, não quer se conhecer melhor e, mais importante, não se trata como se fosse sua melhor amiga.

Este livro não tem compromisso algum com doutrinas, religiões ou filosofias, por esta razão preferimos usar as palavras *sensibilidade, sensibilidade extrafísica* ou *hipersensibilidade* em vez de "mediunidade".

Nosso objetivo também consiste em revelar o que são e como funcionam as faixas astrais, a maneira pela qual elas podem afetar sua sensibilidade, seu equilíbrio, ajudá-lo a lidar com o mundo energético nos seus vários aspectos e despertar uma série de qualidades que você tem e precisa explorar, para usá-las a seu favor e ter uma vida melhor.

Os autores

1
Um novo mundo

> *Como sabes que a Terra não é o inferno de outro planeta?*
>
> Aldous Huxley

O mundo das energias que nos cercam é altamente rico, amplo. E você precisa ter consciência disso, uma vez que esse mundo energético o afeta constantemente. É imperioso que aprenda a lidar com esse mundo, visto que você é um aparelho de recepção e emissão energética.

Para entender o assunto de maneira não tão complicada, precisamos relembrar conceitos básicos de física. Dessa forma, necessitamos recordar conceitos elementares aprendidos no banco escolar.

Lembra-se de quando aprendeu sobre matéria, energia e eletricidade? Rememorar tais conceitos o ajudará a compreender melhor o conteúdo deste livro.

Voltemos rapidamente à Antiguidade. Os filósofos gregos foram os primeiros a notar que o mundo era constituído dos quatro elementos básicos: terra, fogo, água e ar. Aristóteles [384 a.C.-322 a.C.], aluno de Platão e um dos fundadores da filosofia ocidental, percebeu que havia um quinto elemento que dava sustentação a tudo no universo, ao qual deu o nome de éter, uma substância não palpável, seguindo a linha de raciocínio do *mundo das ideias*, de Platão.

O tempo passou e, dando um salto para a época do Renascimento, o físico, astrônomo e matemático Galileu Galilei [1564-1642] provou que os planetas orbitavam em torno do Sol [heliocentrismo], acabando com uma convicção antiga de que o astro-rei e os demais planetas giravam em torno da Terra [geocentrismo]. A percepção acerca do mundo e da visão das coisas mudou sobremaneira.

Tal mudança de paradigma possibilitou a outro gênio, Isaac Newton [1642-1726], observar, estudar e revelar à humanidade os princípios da gravidade, unindo, por fim, a terra ao céu.

Mais um pulo e chegamos ao século XX. A teoria da Relatividade, desenvolvida pelo físico Albert Einstein [1879-1955], demonstra que cada observador percebe a velocidade da luz à sua maneira, ou seja, de modo individual, particular, seguindo o princípio de uma das leis mais importantes do universo, a Lei da Unidade[1]. Tal teoria transformou radicalmente a ideia vigente de espaço e tempo, levando em conta que cada pessoa, pois sim, entende essas relações de maneira única.

O físico e cientista, que renunciaria à cidadania alemã por conta da ascensão do partido Nazista ao poder e alguns anos depois se naturalizaria norte-americano, afirmava em seus estudos que tempo e espaço não podem ser verificados isoladamente, porquanto o espaço não é tridimensional, com largura, espessura e profundidade; ele apenas existe vinculado ao tempo, formando o espaço-tempo, ou, numa linguagem simplificada, a quarta dimensão. O espaço-tempo é deformado por corpos com massa, da mesma forma que um colchão é deformado pelo corpo de uma pessoa.

Quando um corpo com massa aumenta a velocidade, dá origem a ondas gravitacionais, pequenas ondulações no tecido do espaço-tempo, que o distorcem. Um corpo com massa pode ser posto em movimento, ou acelerado, por um acontecimento de grande impacto, como, por exemplo, após a explosão de uma estrela ou o *big-bang*, a grande explosão que deu origem ao universo.

As ondas gravitacionais se propagam à velocidade da luz. Ao contrário das ondas sonoras, elas

---

[1] - Mais detalhes sobre a Lei da Unidade em *Calunga revela as Leis da Vida*, de Luiz Gasparetto e Lúcio Morigi, Editora Vida & Consciência, 2015.

se espalham sem sofrer desvios, porém, o espaço-tempo é que se altera quando elas passam.

Por que tudo isso? Por dois motivos. Primeiro, porque as ondas gravitacionais, descritas há mais de cem anos por Einstein, foram finalmente comprovadas cientificamente. Ponto para Einstein, para a ciência e para o mundo.

A certeza, agora absoluta, de que as ondas gravitacionais existem altera a compreensão que os cientistas têm do universo, principalmente de conceitos fundamentais, como espaço, tempo e gravidade.

Se as ondas gravitacionais podem ser detectadas, isso permite ampliar os conhecimentos sobre estrelas, galáxias e buracos negros distantes, com base nas ondas por eles produzidas.

Segundo, dependendo do seu estado emocional, as ondas gravitacionais ao seu redor podem acelerar ou diminuir de velocidade. E isso pode melhorar ou piorar o ambiente ao seu redor. Como? De que maneira?

É que as ondas transportam energia na forma de radiação gravitacional. O que é energia, a maneira como ela afeta você e o mundo ao seu redor, é importante para ajudar na compreensão acerca da sensibilidade.

Ao relembrar tais conceitos, fica mais fácil entender o mundo energético e as faixas que o compõem. Além do mais, ajuda você a ter uma ideia melhor do que é constituído seu corpo.

Algo em torno de sete octilhões de átomos compõem a sua matéria, e todo o conjunto de células que formam seu corpo irradia energia.

Na física, matéria é qualquer substância que ocupa lugar no espaço, podendo ser perceptível ou não. Uma árvore é matéria e pode ser vista. O ar também é matéria, porém não pode ser visto a olho nu.

Energia, por sua vez, não tem unidade física. É uma substância, um corpo que realiza um trabalho, desenvolve uma força.

A eletricidade é propriedade da matéria que envolve a existência de cargas elétricas em movimento ou não. E, depois que o homem descobriu a eletricidade, o mundo nunca mais foi o mesmo.

Vamos nos ater a um exemplo prático para entender basicamente os efeitos da energia e carga elétrica aplicadas a um indivíduo. Imagine uma camisa amassada, ou recém-lavada, que acabou de secar e foi retirada do varal. Se passá-la a ferro quente, engomá-la, ficará lisinha, não? O amassado, de certo modo, não é real, é apenas um jeito, um estado em que a camisa se encontrava antes de ser passada.

Seguindo essa linha de raciocínio, o campo energético de um indivíduo, basicamente, é como a camisa. Se você passa por uma pessoa com o campo energético, digamos, amassado, ruim, negativo e você "entrar na dela", no drama dela, pronto: seu campo também fica amassado, ruim e negativo.

Também é comum criar campos de energia ao longo da vida por alimentar crenças erradas acerca de si mesmo. Suponha que você tenha crescido ouvindo, desde pequeno, que era inadequado, burro, desajeitado, muito lerdo para aprender qualquer coisa nova.

Você cresce e absorve a ideia do inadequado, do burro, do desajeitado. Com o passar dos anos, a ideia se torna crença e fica dentro de você. Essa crença gera um campo de energia que orbita ao seu redor. A pessoa inadequada ou burra em você não é real, é simplesmente o jeito como você foi educado. Vai se ligando...

Tesla, o verdadeiro gênio da lâmpada

Quando Nikola Tesla nasceu, na Croácia, em 1856, o mundo era movido a vapor e a gás. O descobrimento da eletricidade causava assombro e comoção. No entanto, já adulto, engenheiro, vivendo nos Estados Unidos, Tesla presenciou mudanças drásticas em toda a sociedade; usou e abusou da eletricidade, explorando-a de tudo quanto foi jeito, esbarrando, inclusive, nos meandros do sobrenatural.

Anos mais tarde, no início de 1943, apoiado no parapeito da janela do quarto do hotel onde morava, em Manhattan, ao avistar prédios, pontes, viadutos e postes à sua frente e ao seu redor, todos iluminados, provavelmente Tesla deve ter sentido uma pontinha de orgulho e satisfação.

Afinal de contas, graças a ele, toda a iluminação de Nova York e de outras cidades, ao redor do mundo, tinha sido possível graças à sua genialidade. Tesla voltou para o interior do aposento, deitou-se, fechou os olhos e, dois dias depois, a camareira do hotel encontrou-o deitado do mesmo jeito como se despedira das luzes da cidade, sem vida.

Hoje, por conta da genialidade de Nikola Tesla, você entra em casa e, com um toque no interruptor, acende a luz de um cômodo; dá partida no carro; liga um liquidificador; utiliza um controle remoto; lança mão de um cartão magnético para sacar dinheiro, abrir uma porta, fazer compras etc.

Tesla reuniu-se com Einstein e Thomas Edison. Reza a lenda que os três, secretamente, fizeram experimentos com grande concentração de energia. Criaram uma capa de invisibilidade. Fizeram um navio desaparecer num porto e reaparecer centenas de metros depois, ao mesmo tempo.

Sozinho, e isso não é lenda, fez tantos experimentos com cargas elétricas, usou e manipulou energia elétrica de tudo quanto foi jeito e chegou a afirmar que podia fazer e tinha feito contato com seres de outros planetas, mais especificamente com a galera de Marte.

Tesla também tinha umas manias estranhas, o que fortalecia a resistência de a comunidade científica e acadêmica levá-lo a sério. Por exemplo, ele não podia ver um pombo doente, acidentado. Morria de pena do bichinho e o levava para seu quarto de hotel, a fim de cuidar e tratar dele. Tinha pavor de mulher com brincos nas orelhas ou com joias. Corria delas. Admitia ser virgem. Afirmava que os números 3, 6 e 9 eram a chave para decifrar os mistérios do universo. Tudo o que comia tinha de ser divido por três. E por aí vai.

Por conta de seus relatos científicos calcados ao estilo "além da imaginação", aliado ao seu jeito esquisitão, foi desacreditado, achincalhado, sofreu muito *bullying* e não precisou de muito para que a sociedade da época o transformasse em uma peça rara, delirante, estranha e excêntrica que, para muitos, morreu à beira da loucura.

No entanto, cabe ressaltar, a sua genialidade era e é tamanha que, logo após sua morte, todas as suas anotações científicas foram confiscadas pelo FBI, o serviço de inteligência do governo norte--americano. Alguns anos depois, um pouco das anotações foi doado para um museu, em Belgrado, na Sérvia.

Por que só um pouco? E o resto? Onde estão as anotações em que Tesla afirmava ser a energia muito mais do que imaginávamos, ter um poder muito maior para realizar muito mais e que havia uma maneira de nos contactar com outros seres, de outras dimensões, que ele havia conseguido desenvolver uma maneira de teletransportar pessoas ou objetos?

O governo norte-americano sempre negou reter tais anotações, contudo, amigos próximos a Tesla juraram que elas existiram e o governo as confiscou, sim, depois de sua morte.

Dito pelo não dito, o fato é que o talento notável de Tesla permitiu o avanço tecnológico, que, por sua vez, possibilitou a invenção de máquinas mais sofisticadas, revolucionou e abriu espaço para que novos campos da medicina pudessem ser explorados.

Veja o caso do eletrocardiograma, por exemplo, que mede os impulsos gerados para sincronizar os batimentos do coração. Um simples exame como esse pode prevenir uma doença cardíaca.

Há também o eletroencefalograma, que verifica a qualidade dos sinais elétricos emitidos pelo cérebro de forma contínua ao constatar alguma arritmia.

No caso dos equipamentos para tratamento, o desfibrilador é um dos mais conhecidos e é utilizado geralmente quando o coração fibrila, quer dizer, sai do ritmo, ou sofre uma parada. O desfibrilador é empregado basicamente quando o coração para de bater ou fica em estado de fibrilação [fora do ritmo].

O marca-passo é outro aparelho que funciona como um gerador de impulso elétrico para corrigir os batimentos, quando o coração do paciente começa a apresentar problemas, como batimento irregular ou pequenas paradas.

Todos esses aparelhos surgiram graças à genialidade de Nikola Tesla.

Afinal, somos tão sensíveis assim?

O choque elétrico era, até pouco tempo atrás, a forma de interação mais perigosa que havia entre eletricidade e corpo humano. Dependendo da intensidade da corrente a passar pelo coração, mesmo que dure poucos segundos, o risco de morte pode ser iminente.

Todavia, nos últimos anos, a eletricidade tem-se espalhado por meio de campos magnéticos, pelas torres que retransmitem energia para as residências, antenas de rádio, televisão e celular, e a grande vedete do momento: redes de internet sem fio, o Wi-Fi que encontramos em todos os lugares, sejam públicos, ou dentro de casa.

Como se sabe, televisão, rádio, celular, computador, tablets, roteadores, todos estes aparelhos funcionam à base de campos eletromagnéticos que se propagam no ambiente para justamente permitir a comunicação entre os equipamentos.

No entanto, o sinal que se espalha em todas as direções atinge também os seres humanos. Nessa hora, todos nós ficamos expostos a uma verdadeira poluição eletromagnética, e isso pode causar transtornos à saúde, caso a intensidade seja muito alta. Os problemas mais recorrentes são taquicardia, perda da libido, certos tumores pelo corpo, irritabilidade, dores de cabeça, insônia e muitos outros distúrbios. A lista é grande.

A Organização BioInitiative[2], instituição formada por médicos e doutores de várias nacionalidades, tem divulgado várias pesquisas e relatórios alertando as autoridades e os órgãos de saúde sobre os danos da exposição excessiva do indivíduo aos campos eletromagnéticos.

Com base nos relatórios apresentados pela instituição, países como Suécia, Dinamarca, França e Reino Unido começaram a retirar o Wi-Fi de escolas, museus, bibliotecas e outros lugares públicos, com o objetivo de regular o consumo dessa tecnologia e buscar outros sistemas que permitam utilizar a internet por meio de conexões elétricas. Fica a dica...

---

2 - <www.bioinitiative.org>

2
Magnetismo

Aquilo que os homens de fato querem não é o conhecimento, mas a certeza.

Bertrand Russel

    Todo mundo tem um campo magnético em volta de si e que está sujeito ao magnetismo da Terra. A pessoa emite um campo vibracional que pode ter um tamanho variável e pode ser sentido por outro indivíduo.
    É o caso, por exemplo, de você estar em um lugar e lembrar-se de alguém, do nada, e a pessoa estar lá. Ou você estar em casa, sentir saudades de determinada pessoa, e ela lhe mandar uma

mensagem pelo telefone ou ligar naquele momento. Damos a isso o nome de "escapes de energia".

Não importa o endereço. E as partículas de energia podem estar em dois lugares ao mesmo tempo, podendo transformar-se e modificar-se no ambiente. O universo, portanto, pode ser um conjunto de espelhos, uma espécie de projeção, ou estar entre buracos negros.

Apesar disso, podemos afirmar que todo ser humano tem energia, aura e campo eletromagnético. Dependendo de seu estado emocional, você percebe esses campos. As ondas costumam ter um espaço maior e ser mais densas quando você está num astral propício ao medo, ao negativismo, à doença, à obsessão, ao vício, ao escapismo de algo [compensação].

Ao mesmo tempo, quando está leve, feliz, de bem consigo mesmo, sentindo-se próspero, seu campo emite ondas curtas, com intervalos menores e mais leves. Podem ser percebidas em forma de calor.

Essa percepção tem tudo a ver com o seu magnetismo. Usamos isso no dia a dia, sem pensar. Fulano tem um magnetismo fantástico. Nossa, aquela celebridade tem um magnetismo forte, todos ficam loucos por ela.

O que se entende por magnetismo: é o estudo dos fenômenos relacionados com as propriedades dos ímãs. Os primeiros estudos dessa natureza foram feitos no século VI a.C. por Tales de Mileto, que observou a capacidade de algumas pedrinhas, atualmente conhecidas como magnetitas, de atraírem umas às outras e também ao ferro.

Um dos primeiros feitos do magnetismo, devemos aos chineses: a criação da bússola, cuja agulha se baseia na interação do campo magnético de um ímã com o campo magnético do planeta. Bem lá atrás, no século VI, os chineses eram soberanos na fabricação de ímãs.

Ao longo do tempo, os estudos sobre o magnetismo ganharam força a partir do século XIII, quando alguns trabalhos e observações foram feitos sobre a eletricidade e o magnetismo, ainda considerados fenômenos completamente distintos.

Cabe ressaltar que, no início do século XIX, o Barão du Potet passou a estudar técnicas de magnetismo e aplicá-las em pacientes.

Os estudos experimentais na área, no entanto, já vinham sendo feitos pelos europeus. Pierre Pelerin de Maricourt, em 1269, descrevera uma grande quantidade de experimentos sobre magnetismo. Devem-se a ele as denominações "polo norte" e "polo sul" às extremidades do ímã, bem como a descoberta de que a agulha da bússola apontava exatamente para o norte geográfico da Terra.

De acordo com a teoria desenvolvida por Oesterd, em 1820, denominada "eletromagnetismo", constatou-se que cargas elétricas em movimento geram campo magnético, e campo magnético em movimento gera corrente elétrica. Dessa grande sacada, Oesterd estabeleceu bases teóricas sólidas sobre a relação entre o campo elétrico e o magnético, ou seja, as ondas eletromagnéticas.

Mesmer e Barão du Potet – os pioneiros

Franz Anton Mesmer [1734-1815], médico alemão, fundador da teoria do magnetismo animal, concluiu que o corpo humano emanava forças mais poderosas que as do ímã; deu a essas forças o nome de "magnetismo animal", podendo ser utilizado na cura de doenças.

Magnetismo animal, curativo ou biomagnetismo é a faculdade que o magnetizador tem em transformar o fluido cósmico universal em fluido magnético que, ao percorrer as vias energéticas do ser humano, se transforma em fluido vital.

Fundamentado como doutrina a partir de 1773, o *mesmerismo* criou bases para práticas terapêuticas diversas. Foi relatado como um dos primeiros movimentos em larga escala a chamar atenção do mundo acadêmico ocidental para o desenvolvimento de estudos e pesquisas dos fenômenos paranormais.

Foi firmada como uma ciência complementar à filosofia e à religião, buscando uma melhor compreensão, não apenas do universo tangível, mas também do universo energético e fluídico.

Jules Denis du Potet Sennevoy, mais conhecido como Barão du Potet [1796-1881], deu um passo além, porque, diferentemente da visão mecânica de Mesmer, determinou o magnetismo animal como uma ponte entre o espírito e a matéria.

Na visão de Potet, os magnetizadores que reconheciam a verdadeira natureza do magnetismo poderiam produzir verdadeiras mágicas, obtendo curas milagrosas e vários outros fenômenos que iam além da compreensão da ciência de sua época.

Os trabalhos de cura por meio de magnetismo que Potet realizou com pacientes no Hotel Dieu de Paris, o hospital mais antigo em atividade na cidade, construído em 661, são estudados até hoje.

O Barão du Potet publicou vários trabalhos. Dois de seus principais livros[3] foram traduzidos para o português recentemente. São leitura obrigatória para você se aprofundar no estudo do magnetismo como fator de cura e de desenvolvimento pessoal por meio de autodomínio, força de vontade e paz interior. Não os deixe de ler.

Passados dois séculos, o que Mesmer assim como Potet não sabiam, à época, é que, como já dito anteriormente, os seres vivos geram campos magnéticos.

Atualmente, as relações entre o magnetismo e os organismos vivos, seja o homem, sejam os animais e as plantas, compõem um campo de pesquisa promissor dividido em duas áreas básicas: magnetobiologia e biomagnetismo.

A primeira, magnetobiologia, refere-se aos efeitos produzidos por esses campos magnéticos nos organismos, que engloba desde a capacidade de orientação de animais, como as aves, em seus voos migratórios, por exemplo, até danos à saúde que

---

3 - *Manual do estudante magnetizador* e *7 lições de magnetismo,* tradução de Janice Jaques Weber e Ana Cristina Vargas. <sociedadevida@sociedadevida.org> (53) 3222-0677.

decorreriam da exposição a ondas eletromagnéticas, originadas por redes de eletricidade, antenas de televisão ou celulares etc., tema o qual trataremos mais à frente.

A segunda área, o biomagnetismo, trata da medição dos campos magnéticos gerados por seres vivos, para obter informações que ajudem a entender sistemas biofísicos; dessa forma, pode-se abrir um novo universo de possibilidades para a realização de diagnósticos clínicos e, consequentemente, criarem-se novas terapias.

Embora muito fracos, os campos magnéticos em seres humanos já podem ser detectados por equipamentos sofisticados, possibilitando um novo campo de pesquisa. Estudos sobre esse fenômeno – o biomagnetismo – revelam que a detecção e a análise dos campos gerados em órgãos, como cérebro, coração, pulmões, fígado e outros, podem facilitar o diagnóstico de doenças e auxiliar cirurgias e tratamentos, entre inúmeras outras aplicações[4].

Os campos magnéticos produzidos pelo corpo humano e por outros seres são extremamente sutis, situando-se na faixa de dez nanoteslas. O tesla (T) é a unidade de medida da indução magnética ou simplesmente campo magnético, e seu nome

---

4 - No entanto, para que isso se torne uma realidade, algumas dificuldades ainda precisam ser superadas, segundo consta no artigo Biomagnetismo: nova interface entre a física e a biologia, dos autores Dráulio B. de Araújo, Antônio A. O. Carneiro, Eder R. Moraes e Oswaldo Baffa, Departamento de Física e Matemática, Universidade de São Paulo. Revista *Ciência hoje*, vol. 26, nº 153, setembro 1999.

homenageia quem? O gênio de quem falamos anteriormente, Nikola Tesla.

Apenas a título de comparação, o campo magnético da Terra é da ordem de 20 mil nanoteslas.

3
O homem visto como ser integral

O homem é tão divino quanto a própria imaginação.

Allen Ginsberg

Hoje a ideia que o homem faz de si, dentro da ciência, é a de que somos um conjunto energético. A matéria é energia e os nossos outros níveis são energéticos.

A ciência se movimenta cada vez mais para nos entender e compreender o mundo não mais como físico, mas como energético, tanto que o homem se descobre, neste século, sendo energia.

Portanto, a partir de agora, procure olhar para você como energia, como um aparelho energético, e não mais como matéria. Sabemos que é difícil, mas vamos lhe dar exemplos para tornar esse assunto bem compreensível.

Durante muito tempo, a ciência e a medicina dividiram o homem em três aspectos: físico, emocional e mental. Achávamos que esta classificação, em partes, isoladamente, explicava o homem. Tínhamos problemas físicos, no corpo; problemas emocionais, na mente; como se essas divisões fossem verdadeiras, reais, e não simplesmente uma maneira de serem vistas.

Na parte espiritual, bem... o espiritismo deixou a pesquisa de lado. Passou a dar maior importância ao intercâmbio de quem morreu com quem está vivo e ajudar a pessoa, trazer alívio para aqueles que perderam alguém. Os estudos, as pesquisas, infelizmente, foram escasseando.

Voltando, esse é um conceito antigo e fora de foco para a ciência, pois a física quântica nos mostra claramente que somos energia pura, que vivemos num mundo de energia, por conta disso, o homem precisa ser enxergado como um todo e, por esse motivo, deve ser entendido por seus aspectos físicos, emocionais e espirituais de forma integrada, ou seja, holística.

Precisamos rever o que é viver, rever as nossas relações com as pessoas; o que somos; o que experienciamos; o que é uma sensação em nós ou as várias sensações que temos na vida, pelo fato de sermos um aparelho que reage às energias ao nosso redor.

Saiba que as suas ideias e crenças são tão sólidas, que você as experimenta fisicamente. Você sabe que fica mais pesado quando pega carga, quando fica de bode? E nem ouse se pesar quando pegar carga, porque isso provoca uma variação de peso, podendo apresentar até um quilo a mais na balança, dependendo da carga. Do mesmo modo, subir escadas, quando se está carregado energeticamente, torna-se uma tarefa que exigirá mais esforço.

Com esse raciocínio, veja que o astral não fica tão longe do sólido como você pensava, não é verdade? Ele está aqui, presente, conosco, e tem uma força enorme. Não é palpável, mas tem consistência.

A sua vida, portanto, é um conjunto energético de manifestação constante e mutante. Daí a necessidade de você se entender como um aparelho energético, que capta e irradia energia, incessantemente.

O corpo físico

Veja só. Quando mencionamos a palavra *corpo*, sua mente vai, geralmente, para a área da anatomia humana e já imagina o conjunto formado por cabeça, tronco e membros.

É uma palavra muito difícil, pois, se dizemos "corpo", logo também você se olha, acreditando ser o que está se vendo ou apalpando, tocando. E, a bem da verdade, não é bem assim a maneira como entendemos na nossa cabeça.

Para você, o corpo pode parecer sólido, porque você toca, apalpa, certo? Vamos supor que você precise tirar uma chapa do pulmão, uma chapa de raios X. Os raios conseguem penetrar o seu corpo, não conseguem?

Desse modo, a máquina de raios X dá a entender que seja até mais sólida, porque ela penetrou o seu corpo. Não dá essa sensação? Pois bem, temos a ideia antiga ainda de que sólido é tudo aquilo que ocupa lugar no espaço. Ora, no mesmo espaço existem níveis e mais níveis de energia.

Mas voltemos ao nosso exemplo do corpo. Nossas substâncias estão sempre em constantes mutações, e o corpo transmuta substâncias. Ao nos alimentarmos, a comida é transformada em outras substâncias, que também mudam de uma estrutura molecular para outra, deslocando energia para os diversos órgãos do nosso corpo.

Nosso corpo se nutre muito mais pela energia daquilo que nos alimentamos do que pela comida em si. Já reparou que houve momentos em sua vida que esteve satisfeito, comeu menos? Pois é. Parece que alimentar-se com menos do que se imagina o faz viver muito melhor, nunca o deixando anêmico.

A energia que seu corpo produz resultante da satisfação, por exemplo, nutre muito mais suas células do que a própria comida.

Isso pode ser comprovado da seguinte maneira: imagine que goste muito de assistir à novela das nove ou a algum seriado cujo episódio esteja prendendo em demasiado a sua atenção. Você se esquece completamente do horário do jantar e, se alguém ligar para conversar, você não atende, ignora. Não é assim?

Além da comida, você também tem o ar, de onde capta constantemente energias cósmicas. Portanto, não é só o alimento que traz energia para o seu corpo físico.

A satisfação, a alegria, não têm nada a ver com o físico. O contentamento, a energia de alta qualidade que você acumula, só lhe fazem bem e até os seus órgãos funcionam melhor, ao passo que um estado depressivo, de desânimo, negativo, altera todo o seu estado físico, provoca dores pelo corpo, dor de cabeça, prisão de ventre e outros estados desagradáveis.

Enquanto você se parece como algo sólido, há toda uma radiação energética ocorrendo, o que pode ser medido por meio de ondas cerebrais, irradiações de calor etc. Já falamos um pouco sobre essa questão ao tratar de magnetismo e biomagnetismo.

Quando o seu corpo fica doente, o médico tenta jogar algumas substâncias que provoquem mudanças nessas combinações energéticas. Ele mistura certos medicamentos para criar determinadas condições energéticas que transformem ou recuperem o seu corpo doente. Essa é a alternativa do médico e de várias linhas existentes da medicina.

Nos dias atuais, alguns ramos da medicina vêm se tornando holísticos, ou seja, percebendo justamente que uma emoção em nós, um sentimento que seja, também faz parte de uma energia. São níveis de energia que se interpõem de uma maneira muito mais complexa do que a imagem que tínhamos no passado, interferindo diretamente nos processos de doença e de cura do paciente.

Todavia, tudo está mudando para a ciência e também vai, de certo modo, modificando-se para nós, que vivemos essa ciência todos os dias.

O corpo astral

Do ponto de vista da explicação tradicional, nós temos um corpo físico, depois um corpo espiritual, também chamado por muitas pessoas de corpo astral ou perispírito, e depois a mente, o que é muito simplista para entender muitos fenômenos que nos cercam.

Não é bem assim. Muitas pessoas acreditam que o corpo físico é que sente, sendo que ele, na verdade, não tem sensação alguma. Quem sente é o corpo espiritual, o perispírito, que, aliás, é o seu verdadeiro corpo.

Perispírito, corpo espiritual e *corpo astral* são a mesma coisa. Para facilitar o seu entendimento neste livro, usaremos o termo "corpo astral" para designar perispírito ou corpo espiritual.

Existe um fenômeno conhecido pelo nome de "desdobramento". Sabe aquelas histórias que você já ouviu alguma vez na vida, de alguém que estava dormindo e de repente se via na cama e flutuando no teto do quarto ao mesmo tempo, ou então se via acordado, sentado na ponta da cama, olhando para o próprio corpo dormindo?

Pois bem. A esse fenômeno é dado o nome de "desdobramento", em que você sai do corpo conscientemente, tocando seu corpo na cama e percebendo que a sensibilidade está no seu corpo desdobrado [corpo astral], sendo que o seu corpo na cama nada sente.

O mesmo ocorre quando você é submetido a uma cirurgia delicada. Você toma uma anestesia geral e não sente nada, não é? É porque a anestesia tem o poder de deslocar o corpo astral do corpo físico e é por isso que você não sente nada durante a cirurgia.

Quando acaba o efeito da anestesia, seu corpo astral encaixa-se novamente no seu corpo físico. Daí o fato de você sentir dores nos cortes provocados pela cirurgia.

A nossa matéria, ou a aglutinação de elementos mais densos, é provocada pelo corpo astral quando você reencarna, ou seja, quando você se cansa de ficar no mundo astral e resolve vir para a Terra.

Da mesma forma, quando você se cansa de ficar aqui e decide morrer, você volta para o mundo astral novamente. É um vai e vem que dá para perder a conta de quantas vezes ocorreram e quantas vezes ainda vão ocorrer.

E por que se vai e volta tantas vezes? Você pode ter uma mente bem fértil e imaginar que faz tantas viagens porque tem de pagar os pecados, expiar, saldar os débitos de vidas passadas, cumprir missão etc. Este livro não é para discutir tais questões, embora o que der para derrubar de mitos e lendas, o faremos com gosto, tão somente para ajudar você a ter uma compreensão mais justa acerca da vida e da espiritualidade como um todo.

O vai e vem, de certo modo, ocorre porque o mundo astral é muito intenso, tudo nele é muito rápido. Você não tem pique, não aguenta, se cansa com extrema facilidade de ficar nessa intensidade toda e resolve vir para a Terra, a fim de descansar um pouco.

É meio controverso. Você sempre escutou que iria descansar ao morrer, iria para uma colônia espiritual, usar túnica, dormir muito, falar baixo, meditar ou, dependendo da crença, andar sobre nuvens ou correr por entre campos de trigo.

Aliás, não sabemos de onde tiraram essa ideia de campos de trigo. Alguém pode nos escrever com a resposta? Não a encontramos em lugar algum. Nem mesmo o Cachoeira, amigo espiritual que nos orientou na escrita, foi capaz de nos responder o porquê dessa expressão. Nenhum de nossos amigos conhece lugares no astral onde haja campos de trigo. Impressionante!

Sentimos lhe dizer, mas aqui neste planeta, agora, você está descansando. Aproveite. Pela nossa experiência com desencarnados, ou mortos, percebemos que o processo é este, ou seja, que o seu dia a dia aqui é bem mais sossegado do que no mundo astral, que é extremamente dinâmico.

A grande vantagem de viver na Terra é essa. Tudo ocorre bem devagar, aos poucos, bem menos intenso do que no mundo astral. Você é o tipo de pessoa que acredita que ao morrer vai descansar? Então, meu amigo, minha amiga, aconselhamos você a ficar muito tempo por aqui.

Tenha em mente uma verdade: quando você se cansa do mundo astral e nasce, você reencarna. Ao se cansar da Terra e morrer, você desencarna. Bem simples.

Esse processo de reencarne, de voltar para o nosso mundo, é um processo longo. Na verdade, as combinações no seu código genético são provocadas pelo corpo astral, que organiza e reorganiza a matéria.

O corpo astral é o modelo que organiza a matéria física, é o modelo organizador do biológico, que também é energético. É ele que mantém os átomos juntos, dando-lhe a aparência física, esse corpo que você apalpa todos os dias quando desperta do sono.

Tanto isso é verdadeiro que, se o corpo astral deixar o corpo físico, o que acontece? O corpo físico apodrece, decompõe-se, morre.

No processo de reencarne, você já possui um corpo, que é o corpo astral. Esse seu corpo astral vai absorvendo uma porção de matéria, constituindo o seu corpo físico. Percebe como o corpo astral, de certo modo, absorve matéria? E como isso ocorre?

Por meio do processo de contato com o corpo de uma mulher, daquela que será a sua futura mãe, pois somente com o corpo físico o seu corpo astral terá possibilidade de articular, de entrar neste mundo terreno.

Depois que o óvulo é fecundado, começa o processo de reencarne. O corpo astral é ligado ao feto. E o espírito, mais solto no corpo astral, agora ficará reprimido, como um gênio dentro de uma garrafa.

Funciona mais ou menos assim. Um mergulhador que queira explorar o fundo do mar vai precisar usar um escafandro; este só protege o mergulhador, diminuindo muito a sua habilidade dentro do mar, porque é muito pesado. Os movimentos do mergulhador, por sua vez, ficam mais lentos, mais comedidos.

No caso do reencarne, é como se seu corpo físico fosse o escafandro e o seu corpo astral estivesse dentro dele, contido.

Imagine o seu corpo físico sendo uma borracha que impossibilitasse o contato com a eletricidade, impedindo a sua grandeza, mantendo-o reduzido, contido, como no exemplo do escafandro, porquanto, sendo pequeno, limitado, você tem condições de aprender de forma suave, devagar.

Como afirmamos anteriormente, no astral, as coisas ocorrem bem rápido, de modo que você precisa ter ordem mental, disciplina, vigilância constante dos seus pensamentos. Lá, por exemplo, só o fato de imaginar, um pouquinho que seja, que você vai ter uma dor de cabeça, a dor se manifesta na hora.

Aqui na Terra não acontece assim, não é? Você acha que vai pegar uma gripe, ela vem um tempo depois, não vem no exato momento em que pensa que vai pegá-la. Essa é a maravilha de estar vivendo aqui, onde tudo demora para acontecer.

Se você quiser uma mesa, tem que ir até uma loja, olhar, escolher, comprar, depois vão entregá-la dali a alguns dias. Leva um determinado tempo entre querer comprar e ter a mesa na sua casa. No astral, você pensou na mesa e ela se materializa na hora, na sua frente.

É como os personagens com superpoderes ao estilo X-Men, Capitão América, Superman. Ou as antigonas, como a Feiticeira ou Jeannie é um Gênio. Apesar de nos fascinarmos por esses personagens, até desejarmos ter poderes para transformar e teletransportar pessoas ou objetos, precisamos ter uma vida bem desacelerada, a fim de colocar ordem nas coisas, ou seja, aprender a controlar de uma maneira mais lenta, bem devagar, bem fácil, os nossos pensamentos.

    A partir do momento que obtiver mais controle, você vai para uma experiência mais acelerada, porque a matéria organiza, reduz o seu potencial. Ela o prende para que tenha disciplina aqui nesta vida. E de forma desacelerada, bem devagar.

    Aos poucos, você fortalece seu pensamento no positivo, sua imaginação, suas propriedades num mundo bem simplificado, que é este aqui.

    Mecanismo semelhante ocorre quando você aprende a dirigir. Primeiro, você precisa de um lugar isolado, calmo, sem muito movimento para aprender a dirigir. Conforme você adquire domínio sobre o carro, você vai para as ruas, avenidas, enfrenta os congestionamentos e toda a loucura de uma grande cidade.

    Se tirarmos você daqui e colocá-lo num ambiente mais acelerado, você entra em pane! É a mais pura verdade. Você aguenta barulho? Consegue se concentrar apesar do ruído de buzina, gritos, rojões, gritarias ao redor? Pois é! Acreditamos que você não aguente alvoroço, não suporte muita coisa. E muito menos o barulho dentro da sua cabeça.

    Vamos fazer uma pausa rápida. Visualize, agora, todos os pensamentos e imagens da sua mente se materializando instantaneamente. Qual seria a sua reação?

    Se você for, por exemplo, o tipo de pessoa bagunceira, atrapalhada, relaxada, considerando que disciplina é escravismo, sem ordem para nada; que se impressiona com qualquer bobagem, se magoa com qualquer comentário, não para de pensar nos outros... Bom, você teria estrutura para conviver num local onde tudo isso se torna denso, se materializa na hora?

Pois assim é a vida fora do corpo físico. Por isso lhe asseguramos que é bem melhor viver aqui na Terra, ter o tipo de vida que leva. Tem gente que tem até medo de altura. Como vai dirigir no astral? Como vai voar por lá? Então, melhor ficar por aqui, que está muito bom. E siga o conselho dos nossos amigos espirituais: não queira morrer!

Sabe, o fato é que as pessoas atrasadas espiritualmente são aquelas que rejeitam a vida, acreditam que está tudo errado, que Deus está errado, que o homem é ruim, que a sociedade não presta.

As mais evoluídas vão para a frente; quanto mais avançam, mais percebem que está tudo certo. Aceitam tudo numa boa. Não importa o ambiente onde estejam, estão sempre bem.

No momento que aprender a ter ordem, disciplina dos pensamentos, paz, não importa para onde você vá, porque estará bem, em equilíbrio.

E, cá entre nós, não adianta você se justificar argumentando que nasceu assim, que você tem esse jeito de ser. Precisa ficar aqui neste mundo para aprender bem devagar.

Também pode tirar o cavalinho da chuva e parar com a ideia de que veio com uma missão. Sentimos muito lhe informar, mas não tem missão nenhuma. Você está aqui porque não tem capacidade ainda de estar em outro local, só isso. Faz parte da sua idade astral reencarnar na Terra. Aqui é o melhor lugar para você estar, agora.

Entendendo as coisas desse modo, aproveite para fazer a sua parte e viver melhor neste mundo.

4
Os cinco sentidos

Somos feitos da matéria dos sonhos.

William Shakespeare

Sabe o que é um sentido? É uma antena de captação energética. Enquanto estamos neste mundo, nós temos cinco sentidos ou antenas, que ficam dominados pela matéria. São eles: a visão, a audição, o olfato, o paladar e o tato.

À medida que entramos em contato com cada sentido, captamos energia. Nos olhos, captamos os fótons, energia luminosa; nos ouvidos, captamos energia sonora e assim por diante. No momento em que você capta uma energia, ela é, por assim dizer, entendida. Temos dentro de nós um aparelho capaz de ler a energia e transformá-la em algo compreensível para você.

Por exemplo, a energia entra pelo seu olho, depois pelo nervo ótico, vai na direção do córtex cerebral, onde se encontra um aparelho que capta, compreende as propriedades dessa energia, faz uma leitura específica dela, transformando-a em uma imagem compreensível.

Comparando a um objeto, uma televisão funciona de forma parecida ao olho. O estúdio capta a imagem e a codifica em ondas que viajam pelo espaço. Elas chegam ao seu aparelho de tevê, que interpreta as ondas e as transformam em imagem.

O som também funciona dessa maneira. Alguém fala e isso se transforma em energia indo na direção dos seus ouvidos. Nos ouvidos, essa energia passa pelos nervos da orelha e lá dentro você interpreta o som.

Portanto, não é a voz do locutor do rádio que chega até você, e sim a energia que dela emana. Sendo assim, aquilo que você escuta é decodificado em imagem.

A partir do momento em que você decodificou, a imagem passa para o departamento da avaliação, onde está o seu interpretador. É um departamento no qual você interpreta, avalia esta imagem como boa, ruim, má, interessante, feia, certa, errada etc.

Após a interpretação, esta onda se espalha por todo o seu corpo, num sentido além do físico, no sentido da alma. A sua alma reage de acordo com a energia recebida, criando sensações de vida. Este procedimento é válido para todos os cinco sentidos dominados pela matéria.

Todas as suas sensações são reações do seu centro vital aos estímulos que você recebe, da maneira como você os decodifica, de como você os avalia. Por exemplo, imagine as duas cenas abaixo.

Cena 1
— Oi, fulano. Como vai você?
— Olha, não me enche, porque não acordei bem hoje, tá legal?
Nossa! Como ele foi grosso, eu não fiz nada para ele falar assim comigo.

Você provavelmente não estava bem, meio em baixa, chateado, preocupado ou irritado com algo, e interpretou o nervosismo do colega como assunto pessoal, horrível para você. A frase impactou de maneira ruim dentro de você.

Cena 2
— Oi, fulano. Como vai você?
— Olha, não me enche, porque não acordei bem hoje, tá legal?
Nossa! Hoje ele acordou de ovo virado! Ainda bem que eu não estou nessa vibe, tô numa boa. Gosto muito desse amigo, vou fazer uma prece para ele ficar bem.

O seu interpretador é mais esperto, mais vivido e percebeu que o amigo não estava bem. Você nem ligou para o que ele lhe disse e continuou numa boa, imperturbável. Ainda rebateu a energia ruim dele com bom humor e mandou uma vibração positiva. Você interpretou diferente e a sua reação também foi diferente.

Diante disso: não é o que o outro fala que o magoa, mas como você interpreta o que o outro fala; não é o que os seus olhos veem que é ruim, mas como os seus olhos enxergam. Entendeu?

Você pode ter horror a aranhas. É você quem interpreta a imagem da aranha como sendo horrorosa. Há pessoas que adoram aranhas, pessoas que as estudam. Conheço até gente que coleciona aranha, porque essas pessoas interpretam, diferentemente de você, a mesma coisa.

Isso é o que difere uma pessoa da outra: a interpretação. Cada um interpreta como quer. Todas as nossas sensações são respostas aos estímulos que recebemos. Nosso ser recebe estímulos e responde da maneira como os interpreta.

Se você for estudar a natureza dos estímulos, vai compreender o porquê das diversas sensações que nós temos. E, basicamente, estímulo é uma energia. Tais estímulos, ou energias, tocam o nosso aparelho sensível, criando uma perturbação de tal sorte que registramos as sensações.

À medida que um estímulo chega até nós, ele recebe a nossa interpretação. A partir daí ele pode criar esta ou aquela sensação diferente em nós.

Por exemplo, qualquer imagem que você registre, seja ela qual for, causa-lhe uma sensação. Portanto, quem tem uma cabeça diferente, mais lúcida, vai receber melhor esse estímulo e ter sensações melhores.

Podemos então concluir que a sensação tem a ver com a sua educação, as suas atitudes, as suas crenças, tem a ver com aquilo que você é.

Por motivos culturais e tantos outros, não disciplinamos, não educamos o nosso "interpretador".

Você sabe que pode educar o seu ouvido para não escutar barulho que não lhe agrade, principalmente quando não quer ouvir determinados sons. Digamos que você more numa região próximo a um aeroporto ou a uma empresa com máquinas que emitam ruídos acima da média. Provavelmente, com o tempo, já educou seu ouvido para não escutar o barulho dos aviões ou das máquinas. Você acostuma, educa, doutrina, disciplina o ouvido, não é mesmo?

Mas, vem cá, você educou o seu ouvido para não escutar as fofocas ou críticas a seu respeito? Ainda se magoa com os outros? Com os comentários maldosos da colega da firma? Da prima que tenta sempre colocá-la para baixo? Do cunhado que o compara com todo mundo? Do irmão que quer ser melhor que você?

Tudo bem. Você pode até nos dizer que foi xingado, que lhe faltaram com o respeito, que passaram do limite, foram deselegantes, estúpidos com você. Tem todo tipo de gente neste mundo.

Vamos admitir que você tenha escutado da boca da colega e interpretou a fala dela como mágoa, como desaforo. Pois bem, faça como quem treina os ouvidos para lidar com aviões e máquinas ruidosas, esqueça, ignore, não dê atenção.

Queremos apenas lhe mostrar que, agindo dessa forma, nada é mau ou bom, depende única e exclusivamente da sua maneira de interpretar as coisas em sua vida.

Na vida, tudo é troca

Existem níveis de comunicação em que as emissões energéticas acontecem ao mesmo tempo, promovendo um diálogo, uma percepção, uma resposta que você identifica por meio das trocas de energia. Todas as sensações são reflexões das captações energéticas. Isso quer dizer que você pode sentir o que o outro sente.

Eu estudo os fenômenos espirituais há quarenta anos e trabalhei em centro espírita por quase trinta. Helton estuda e trabalha há vinte. Temos um bocado de experiência na área. Em todos esses anos, muitas pessoas nos procuravam porque eram hipersensíveis, não tinham controle sobre a sensibilidade. Quer dizer, isso é como elas se autointerpretavam, pois, na verdade, nada mais eram do que pessoas abertas, energeticamente falando.

Todos nós somos assim. Todos nós já tivemos na vida experiências de ir a um lugar e nos sentirmos mal, é natural. Contudo, o seu interpretador prefere acreditar que esse mal-estar foi devido a algo que você comeu, e não propriamente ao lugar. Ele não interpreta que o local é que está ruim, com energia pesada, carregada.

Há casos de pessoas que não sentem nada, que chegam a um ambiente perturbado e não percebem que está carregado, a energia pesada, nada. Nesse caso, já se trata de pessoas com alto desequilíbrio, que não percebem nada, interpretam tudo errado e geralmente estão cheias de rolo, confusão, com sérios problemas na vida.

Outra característica forte dessas pessoas em estado de desequilíbrio: são maníacas por remédio, porque o que sentem é tão somente problemas físicos, como dor de cabeça, dor de barriga, de estômago, cólicas etc. Ou estocam os remédios no armário do banheiro, ou já deixam em um local de fácil acesso na cozinha, para fazer parte integrante das refeições.

Infelizmente, a automedicação faz parte da nossa cultura. Se você tiver pelo menos duas tias na sua família, vai ver como é fácil curar-se de qualquer dor. Elas sempre têm receita, remédio para qualquer dor. É impressionante!

De acordo com o Instituto de Ciência Tecnologia e Qualidade (ICTQ), que atua nas áreas de pesquisa e pós-graduação com ênfase no mercado farmacêutico, 76% dos brasileiros têm o hábito de se automedicarem[5]. Os campeões são os baianos (96%), seguidos pelos cariocas (91%) e paulistas (83%). São índices muito altos. Detalhe curioso: 61% dos entrevistados estão conscientes dos riscos que correm. Isso demonstra claramente como o brasileiro adora se automedicar.

Há casos em que os problemas físicos se tornam hábito, ou seja, fazem parte da rotina diária da pessoa; ocorre com hora marcada e o indivíduo já sabe que vai passar mal. É por essa razão que a doença está associada às situações desagradáveis na sua vida.

---

5 - Disponível em: <http://g1.globo.com/bemestar/noticia/2014/05/764-dos-brasileiros-tem-habito-de-se-automedicar--segundo-pesquisa.html>. Acesso em: 01 mar. 2017.

Você pode estar pensando aí com seus botões, enquanto lê, que o remédio é necessário e alivia a sua dor. Mas é claro! Como já explicamos anteriormente, quando uma substância entra no organismo, provoca nele uma reação química, formando um campo energético para combater as energias em desequilíbrio, que estão causando dor.

O remédio não tira a sua capacidade de atrair as coisas [causa] para contrair doença. Ele só tira o efeito. O remédio tem como função energética transformar essas energias no seu organismo, quando ele está perturbado.

A homeopatia é outra dinamização energética para atingir o seu corpo astral, alterando o campo de energia provocado pela doença.

Diante de tudo isso, veja que você está ingerindo energia quando engole o remédio. Entretanto, o que o remédio faz, você, de certo modo, pode fazer com a sua mente. O mesmo campo energético que o remédio cria, você também pode criar. Todos os casos de doenças incuráveis foram curados com a mente da pessoa.

A pessoa que tem a cabeça boa provoca bons campos de energia, portanto não precisa de remédio. Em contrapartida, a pessoa de cabeça ruim, negativa, produz, obviamente, muita coisa ruim, precisando de remédios.

Você pode se tratar com a acupuntura, método pelo qual o médico atua em seus meridianos, seus campos de força energéticos, para estimular, compensar e mudar sua constituição energética.

O passe, tratamento usual em centros espíritas, também ajuda. Funciona da seguinte forma:

por meio da energia das mãos dos médiuns, pode-se refazer, movimentar e alterar os campos energéticos, bem como desfazer certos campos criados por você, os quais veremos mais à frente.

Não importa a técnica terapêutica utilizada. Seja o poder da mente, remédio, acupuntura, passe, psicoterapia, você sempre vai atuar em um nível energético.

Mas, claro, depende daquilo em que cada um acredita. Se você não acredita em acupuntura ou passe, não tem jeito, não vai funcionar para você. Há pessoas que só acreditam no médico. Ele dá o remédio e a pessoa se cura. Mesmo.

Às vezes, o médico dá ao indivíduo um placebo, que são cápsulas com açúcar ou farinha no lugar do remédio, e a pessoa acaba se curando. Se isso acontece, concorda que tudo é fruto da sua cabeça?

O placebo cura porque, ao ingeri-lo, você põe força nele, alterando positivamente os seus campos energéticos, mas não passa da força da sua mente, que é extraordinária.

A sua mente é capaz de realizar a cura. Ela é mais poderosa que as drogas, haja vista a cura de pessoas desenganadas pelos médicos, como também casos de pessoas que adquiriram doenças contagiosas sem ter tido contato com algo ou alguém infectado.

Isto nos mostra que temos mais chance com o lado mental, sem, no entanto, desprezar a medicina, pois cada um que use a sua técnica. Estamos tratando aqui de mundo energético, em que qualquer problema físico é energia, e energia se muda com atitude.

Se pensar e refletir, tudo na vida é troca, é arranjo. Caso você seja sustentado por alguém, é óbvio que esse alguém quer, pelo menos, ser servido por você, certo? E, ao tornar-se dependente do outro, ou dos outros, você acaba fazendo parte de uma "mente comunitária", ou de uma "turma cármica".

 Pelo fato de criar dependência nos outros, você vai, com o tempo, sentindo tudo junto e vai, de certa forma, até se acostumando. O tempo passa e você se acostuma a sentir o que é seu e dos outros também. Não consegue mais distinguir um sentimento do outro e, se for tirado desse meio, cai em depressão, fica sozinho no mundo. Sabe por quê? Porque você perdeu o referencial. Geralmente acontece entre pais, filhos e parentes em geral.

 É de extrema importância que você se diferencie entre os seus. Você é que precisa crescer e largar-se dos outros, cuidar de si e ter a oportunidade de escolher outras ligações afetivas, de amizade, na sua vida.

 Está na hora de aprender a ter liberdade de escolha na sua vida, ter consciência, domínio do seu campo energético. Afinal de contas, por mais que você tente, não adianta doutrinar as pessoas para fazerem ou serem como você quer. Não funciona.

 Você pode, a partir de agora, pensar sobre as pessoas que estão ao seu redor, nas pessoas com as quais convive. Há muitas ligações de dependência? Gostaria de se desfazer de algumas delas? Reflita. Se a resposta é sim para, pelo menos, uma pessoa que seja, você pode, e deve tentar sair da dependência, seja emocional, financeira, não importa.

Entretanto, o desprendimento só vai ocorrer se houver um desempenho interior, porque é apenas com esforço próprio que você pode largar tudo, mudar posturas, reavaliar atitudes.

E, com esse desempenho, você passa a vibrar em outro campo energético, portanto, dando-se a chance para uma nova vida. Quanto mais independente, mais positivo você for, quanto mais qualidades adquirir, mais os seus sentidos se ampliarão. Ou seja, tomando atitudes que dinamizam você, mais sensível você se torna.

Tudo é uma questão de atitude interior. Se mudar a maneira de enxergar você e a vida, tornando-se uma pessoa mais para cima, alegre e positiva, vai poder criar tudo isso.

Por essa razão, não adianta fazer esse trabalho para os outros, querer que alguém de que goste muito fique bem, por exemplo. É tarefa intransferível, que cabe a cada um de nós realizar.

5
Como suas crenças afetam a aura

O homem está condenado a ser livre.
Pois, uma vez jogado no mundo,
é responsável por tudo o que faz.

Jean-Paul Sartre

Se você acreditar no poder das coisas, elas funcionam. Não que funcionem por si, mas porque o poder muda a energia que, consequentemente, muda a matéria. A sua atitude interior aciona o poder na direção da crença. Poder é o que pode ser, o que pode se tornar, é a qualidade de vir a existir.

O nosso problema, aqui neste mundo, é devido ao fato de pensarmos demais. Nossa cabeça é uma bagunça mental. Enquanto você não esterilizar a mente no sentido de colocar ordem nela, o poder da crença não tem sentido.

É por isso que você acaba colocando poder onde não quer e, claro, obtendo também o resultado que não quer. Aí, a encrenca é feia! Tenha sempre em mente: campo é poder, mais nada. E o seu campo energético vai ser moldado de acordo com a sua atitude, a sua crença. E conforme a crença, a consciência se manifesta de uma forma ou de outra, criando uma realidade diferente.

Tudo o que é criação é consciência. Não existe nada fora da consciência. Dessa mesma forma funcionam os rituais, um talismã, o efeito placebo, certas práticas de hipnose, alguns cultos de igrejas, lugares santos.

Existem certos lugares onde a energia é tão intensa, que as pessoas sensíveis alteram facilmente o próprio campo energético. E, como a fé ajuda, esses lugares santos acabam se tornando locais de cura.

O que move o mundo da energia são as suas crenças. As crenças postulam atitudes, que criam campos de energia. As suas crenças geram atitudes e por meio delas é que você vai viver, criar, experimentar tudo no mundo.

Os seus padrões vão, pouco a pouco, afetando-o energeticamente, criando as situações na sua vida. Daí a doença começar como uma atitude mental, compreende? Num primeiro estágio, a doença ataca a mente; logo em seguida, ela se instala no corpo astral e finalmente vai para o corpo físico.

Em caso de acidente com o corpo, o processo é diferente. Ao sofrer um acidente de forma inesperada, brusca, imediata, os outros estágios encontram-se inconscientes. É necessário verificar como você atraiu isso para sua vida. Lembre-se de que nada acontece por acaso. Já parou para pensar por que acidentes acontecem com você?

O mesmo ocorre agora. Você está lendo o livro, contudo, se parar para pensar no sufoco que passou durante o dia, com um trânsito caótico, com a violência que ronda sua cidade, com problemas, às vezes até uma doença e... você está aí, ileso. Não foi atacado.

Diante disso, queremos lhe mostrar que os motivos estão nas suas atitudes. E tem tudo a ver com a criação de energia, como você a interpreta.

Não há energia ruim, boa, mais ou menos sutil, superior ou inferior, pois ela depende do seu grau de evolução, do seu nível de sensibilidade. Você gosta de uma coisa ou de outra.

Que bom estar no Brasil! Ou você gostaria de estar na Finlândia, ou na Noruega? Imagine você viver em um lugar quase sem sol, sem barulho, sem cachorro latindo no quintal, sem vizinha fofoqueira, onde as pessoas não falam alto, sem bar de esquina, onde todos respeitam a lei, sem se preocupar em arrumar notas frias para conseguir abatimento no imposto de renda, sem ter a brecha de conseguir uma carteira de estudante, sem estudar, só para ganhar desconto em teatro e cinema...

É, muita gente morre de tristeza se não tiver essas coisas, pois este é o nosso nível, onde há ação, movimento, jeitinho, doses de corrupção. Estamos mudando, revendo nossos valores como sociedade, abrindo os olhos, exigindo igualdade, justiça, respeito, mas ainda vai levar tempo para passar a um outro nível energético. Isso será mais bem analisado no capítulo 10 – Formas-Pensamento, egrégoras e mente social.

Entretanto, você decide ir para o exterior e volta chateado, triste, reclamando da frieza do povo, da comida sem tempero, da falta de feijão, que lá fora é tudo muito organizado, muito certinho. E não é questão de bom ou ruim, a nossa energia aqui no país é diferente.

Você pode conviver bem com uma pessoa de que eu não goste, eu também posso ter paladar por alimentos que o seu organismo rejeita e vice-versa, porque não somos iguais, e nossos aparelhos têm leituras diferentes.

É como gostar dos filhos. Você pode ser justo, respeitar as crianças, mas, gostar igual, do mesmo jeito, não gosta. Sempre tem um predileto, caso você tenha um casal ou mais filhos. É algo perfeitamente natural, é como não gostar de uma música, ou não gostar de carne, frango ou peixe. É questão de afinidade.

Você tem uma leitura única do mundo, um modo único de interpretar as energias que o cercam, que recebe. Essa leitura lhe causa sensações, e você reage criando campos energéticos de cores únicas à sua volta, que caminham sempre ao seu lado.

Esses campos de cores são chamados de aura. A aura se expande ou se fecha de acordo com a interpretação das suas sensações. Ela é um reflexo do seu campo mental.

Quando a aura se fecha, cria buracos energéticos em você. Um pensamento de solidão, de não aceitação pode gerar esses buracos. Ela pode ser vista por pessoas bem sensíveis, como as videntes. Elas conseguem enxergar as várias camadas coloridas que estão em volta de você.

Portanto, a sua casa, os seus móveis, o seu corpo, o seu carro, a sua moto, o seu celular, tudo aquilo que é seu, a que você está psicologicamente ligado pela posse, sofre influência da sua aura, dos seus campos energéticos.

6
O sexto sentido

Creio porque é absurdo.

Santo Agostinho

Todos nós já assistimos a filmes ou seriados sobre fenômenos paranormais, alguns chegam a impressionar, tamanho realismo com que abordam tais fenômenos. A lista é longa, podendo ir de *O iluminado, Carrie, a estranha, O exorcista, A profecia, O sexto sentido, American horror story, Walking dead* e chegando, mais recentemente, ao seriado nacional *3%*. Nós temos um fascínio muito grande pelo tema.

Vamos a *O sexto sentido*, por ser conhecidíssimo e também por ser o assunto deste capítulo.

Nesse filme norte-americano, produzido em 1999, um garoto afirma que vê e conversa com os mortos, deixando a mãe preocupadíssima, a ponto de ela consultar médicos e psiquiatras para diagnosticarem o distúrbio do menino, saber se o filho é normal, doente, louco... Os médicos afirmam que o menino é doente, sofre de distúrbios mentais, alucinações etc.

O filme foi sucesso de bilheteria no mundo inteiro porque o assunto mexe com qualquer um, ou você passou por uma experiência semelhante, ou tem a história de um parente ou de um amigo que passou por situação parecida à do menino.

Na verdade, o que o filme mostrou foi que, quando você consegue sair do domínio da matéria com um dos sentidos, ou com todos, você passa a ver, a ouvir, a sentir outras dimensões.

Este fenômeno, que os espíritas chamam de mediunidade, nada mais é do que hipersensibilidade. E essa condição de se libertar do governo da matéria depende do domínio que você tem sobre si.

Os cinco sentidos que nós tanto conhecemos são regidos pela força material; eles interpretam a energia material, o aspecto mais denso das energias.

Nós não morremos e ficamos com os seis sentidos. Na verdade, no astral, o sexto sentido é um sentido só, que percebe as coisas de uma maneira integral.

Sob as condições da matéria, quando você reencarna, esse sentido astral fica limitado e, portanto, dividido em cinco sentidos.

Isto posto, quero dizer que os cinco sentidos são a mesma coisa que o sexto sentido, quando você está fora do corpo. Deixe-nos explicar melhor. Vamos lá.

Ao se desligar do corpo, quando você dorme, seu corpo astral tem só um sentido, certo? Você sente cheiro, enxerga, vê em cima, embaixo, na frente, atrás... Todas essas sensações, quando você está fora do corpo físico, são captadas pelo sexto sentido.

O sexto sentido, portanto, é um sentido astral que, sob a ação da matéria, se divide em cinco sentidos. Mas não confunda sexto sentido com transe.

Não. Transe é quando o seu corpo astral se desloca um pouco do corpo material. Se você é uma pessoa bem centrada, equilibrada, toda aqui presente, vivendo o aqui e agora, você está inteiramente na matéria, não fica em transe.

No entanto, você se conhece. Imagine-se todo centrado, enfrentando tudo o que passa no dia a dia. É muito difícil encontrar alguém que leve uma vida assim bem centrada, totalmente equilibrada.

É por essa razão que, de certo modo, todos nós vivemos meio desencarnados por aqui. Dependendo do dia, a gente vive meio fora e meio dentro. São aqueles dias em que você diz que anda um pouco "aéreo". Soa familiar, não?

Às vezes, você pode fazer esse "transe" com algumas partes do seu corpo. Pode, por exemplo, fazer isso apenas com os olhos. Se você não quer encarar a realidade, não quer enxergar os perigos do mundo, vai usar óculos, ou seja, você recalca o sentido da visão. Se você retrai o ouvido, você não escuta direito, e assim por diante.

Perceba que esses estados acontecem quando você se envergonha. Você aperta o seu corpo astral para tirar a sensibilidade, para se defender do mundo, de qualquer situação que lhe pareça ruim.

Nesses casos, o seu sentido encolhe, retrai a matéria para não sentir. E, quando se retrai muito rápido, você desmaia.

O mecanismo do sono funciona dessa mesma forma. Você vai perdendo os sentidos, aos poucos. Caso você tenha um grau de lucidez, e isso depende de como você enfrenta a vida, você fecha os olhos e sai do corpo rápido. Já os mais medrosos na vida, com muito desequilíbrio, muito preocupados, sonham demais.

Escutamos muita gente nos dizer que não se identifica com este mundo cruel em que vive. Acha que não pertence a este planeta, que reencarnou em lugar errado. Não! Isso é desequilíbrio! É delírio. O fato de você não aceitar a verdade, a realidade da vida, faz com que os seus sentidos fiquem meio no corpo e meio fora dele.

Assim, você acaba tendo uma vida estranha, percebendo muito mais o aspecto astral da vida. Psicologicamente, as coisas na sua cabeça são tão reais, que você acredita no que pensa; sofre com os seus pensamentos e, consequentemente, capta muito dos outros, acreditando que é médium.

Aí decide que precisa trabalhar no centro espírita, desenvolver a mediunidade, caso contrário vai ficar louco. Não é bem assim. Como você vive desequilibrado por natureza, permanece meio deslocado entre os dois mundos, só isso.

Muito provavelmente, você é do tipo que fica ligado nos outros, nos valores dos outros, na energia dos outros... Resumindo, você vai trabalhar em centro espírita não porque tem mediunidade "aflorada", mas porque se intromete na vida dos outros.

E quem se mete na vida dos outros capta muito a energia dos... outros. Para que o tormento acabe, ou seja, para parar de pegar carga energética alheia, é necessário parar de se ligar nas pessoas. Você vai para o centro, descarrega tudo. Fica limpinho, equilibrado.

Mas você se conhece. Sai do centro, vai para casa e começa tudo de novo. Briga com o filho, discute com a esposa, já pensa em peitar o chefe no dia seguinte ou brigar com seu funcionário.

Sejamos sinceros. Toda pessoa que se preocupa, que se mete na vida dos outros, vai frequentar centro espírita pelo resto da vida, vai depender de tratamento espiritual.

Quem é muito mimado, não tem muita firmeza, geralmente fica com a cabeça a mil, não tem poder de organizar os pensamentos.

Agora imagine você com um sentido poderoso para perceber e sentir os vários tipos de energia. Imaginou? Mesmo que não consiga, ou acredite que não seja uma pessoa dotada de sensibilidade, você tem esse sentido.

O sexto sentido, bem como o sétimo sentido, tem funções diferentes, e como os negamos em nossa cultura ocidental, é bem fácil confundi-los.

É interessante compreender o conceito de cada um desses dois sentidos, porque, assim, você pode classificar algumas experiências pessoais, situações, vivências que a medicina e a psicologia convencional não conseguem, por agora, classificar, porquanto há diversos "estados" em nós que ainda não têm nome.

Passando uma vista-d'olhos na psicologia hindu, percebe-se que ela tem a capacidade de colocar nomes em certos estados emocionais que não conseguimos definir em nossa linguagem ocidental. Isso nos mostra que há um universo bem grande de experiências em que não temos referencial para classificá-las.

Na medida do possível, vamos lhe dar certos referenciais, porque, dessa forma, você se sentirá mais seguro para entender o universo abrangente do sexto sentido.

Veja bem. A energia dos pensamentos, dos sentimentos e dos lugares não é interpretada pelos cinco sentidos, mas pelo sexto sentido. O sexto sentido serve para interpretar energias bioenergéticas, energias humanas [advindas do pensamento e das emoções das pessoas] e para interpretar o mundo astral, aquele mundo intenso citado anteriormente.

Sabia que, de certa forma, você ainda vive no mundo astral? Parece meio papo de maluco afirmar algo assim, mas para onde você vai quando dorme? É para o astral que você se dirige, geralmente, quando se deita na cama e dorme, deixando o corpo físico por um determinado tempo, descansando as funções básicas do organismo.

Você não consegue ficar na matéria por muito tempo, precisa sair um pouco, deixar o escafandro, respirar energia astral e retornar ao corpo físico com, digamos, certo vigor espiritual.

De fato, você pode ter certeza de que está, ao menos, meio que desencarnado de seis a oito horas por dia, enquanto dorme. Por esse motivo, você passa parte da sua vida no mundo astral, que está ao seu redor. Entretanto, você não o vê, como também não enxerga as bactérias, os micróbios. E sabemos que nossos corpos estão cheios de bactérias.

O mundo astral sempre existiu, fez parte da vida dos homens por séculos e só foi percebido recentemente, bem como o mundo energético. Descobrimos a possibilidade do telefone, rádio, tevê e celular, sendo que este mundo, das ondas que transmitem os sinais desses aparelhos, sempre esteve aqui, mas não o conhecíamos, não tínhamos instrumentos para captar essas ondas.

E o mundo astral é como o mundo das bactérias ou das ondas, você não vê a olho nu, mas está aqui. Você enxerga o mundo das bactérias através de um microscópio e enxerga o mundo astral através do sexto sentido.

Os pensamentos e as emoções não se encontram nos níveis físicos, mas em níveis astrais; são propriedades do perispírito, do corpo astral, não da matéria. É por essa razão que, ao desencarnar, você continua com as mesmas emoções, os mesmos pensamentos, a mesma cabeça, sente como se não tivesse "morrido".

O sexto sentido percebe a relação dos pensamentos e das emoções, seja de um espírito desencarnado, seja de um ser vivo, encarnado.

A telepatia com encarnado e com desencarnado funciona do mesmo jeito. Um médium, para se comunicar com um desencarnado, utiliza seu sexto sentido.

Uma máquina que nunca desliga

O fato de estar lendo este livro agora, com os cinco sentidos ligados, não impede que você esteja utilizando o seu sexto sentido. Todos os sentidos estão trabalhando ao mesmo tempo. Infelizmente, estamos acostumados a valorizar os cinco sentidos somente.

Por exemplo, sabe aquele dia, no quarto, que você teve a sensação de estar sendo observado e estava sozinho? Era o seu sexto sentido que captou, que teve a sensação, sem sombra de dúvida. Por essa razão, entenda que você não precisa *ver* para *perceber* o sexto sentido. Além do mais, a nossa tendência é negar tudo aquilo que a gente não vê.

Ora, por que nós sentimos e você também sente essas coisas? Porque o nosso sexto sentido capta os pensamentos, tanto os nossos como os dos outros.

Sabe aquela coisa "de pele", "de química" que costumamos sentir? É isso. O tesão é captado pelo sexto sentido. E também é por isso que esse aspecto chega a você antes de olhar para a pessoa com os olhos físicos.

Outro exemplo. Vamos supor que você tenha hora marcada com um cliente. Sabia que a energia dele chega primeiro? Sim. É só parar o seu trabalho um minutinho, um pouco antes da hora marcada e procurar sentir a energia do cliente. Ela já está no ambiente, é captada pelo seu sexto sentido.

Sabemos o que está pensando e, afirmamos, não é imaginação da sua cabeça. A imaginação nada mais é do que você se colocar em determinada situação, colocar-se no lugar dos outros. Você imagina e projeta nas pessoas, ou capta delas. Nesse caso, você não está imaginando, mas sentindo. É muito diferente.

Como o sexto sentido está ligado aos outros cinco, ele dá uma qualidade que esses sentidos não têm. Vamos ser mais didáticos. Eu, Marcelo, tenho sensibilidade acima do normal em meu olfato. Se um desencarnado chega perto de mim, eu o sinto como um perfume. Eu posso ver a imagem dele, ouvi-lo, mas tudo dentro da minha mente. O sexto sentido usou um dos meus sentidos como porta para esta percepção do desencarnado, no meu caso o olfato, porém me fez perceber integralmente a situação.

Você pode ter um grau de sensibilidade tão grande, tão mais apurado, que não vai nem passar pela sua mente, você vê o desencarnado na sua frente e até ouve. É o caso do clarividente.

Onde fica o sexto sentido?

O sexto sentido está localizado nas costas, na região da coluna, e o sétimo sentido se localiza no peito.

Alguém se aproxima, você nem conhece. Mas a pessoa está com uma energia de irritação. Você fica do lado, só observando. De imediato, você já não vai com a cara dela por causa da energia que ela traz.

Como é o sentido que está localizado na região das costas, se você se virar um pouco de costas para a pessoa, acaba captando tudo dela, absolutamente tudo.

E um dos nossos objetivos é justamente fazer você perceber essas energias, saber lidar com elas; ter consciência disso, pois você carrega muitas energias que não são suas, mas dos outros.

Por meio do sexto sentido, você foi se ligando, no decorrer da sua vida, a uma série de pessoas, sendo que você está com elas até hoje, mesmo as desencarnadas.

Você precisa aprender a desidentificar: saber qual energia é sua e qual não é, ou seja, ter consciência de qual é sua e qual pertence aos outros.

Se não tiver essa tomada de consciência, muito provavelmente, você pode estar hoje vivendo, ao mesmo tempo, a sua vida junto com a vida de outras pessoas. Isso provoca uma mistura de suas emoções com as da mulher, dos filhos, do marido, da sogra, do namorado, do patrão, do vizinho e por aí afora.

Você precisa aprender a se desligar energeticamente das pessoas, principalmente daquelas a que você perdoou, ou acredita que perdoou.

Sabe aquelas histórias de perdão das quais todos nós tivemos uma experiência? Perdoar a alguém, mas não querer ver mais a pessoa? É o que nossos amigos espirituais chamam de perdão fajuto, porque mantém os fios energéticos entre você e a pessoa com a qual teve algum ressentimento.

É necessário largar, desprender-se disso. Lembre-se: psicologicamente ligado – sexto sentido ligado. Psicologicamente desligado – sexto sentido desligado. Simples assim.

O universo das energias está no ar. Não importa o nome que você dê: imaginação, captação dos outros, macumba, mau-olhado, se você estiver sintonizado, vai pegar, vai captar, vai se ligar na energia do outro.

Diante disso, nem sempre a pessoa pegou mau-olhado, também não foi a inveja do outro que arruinou a vida dela, macumba e coisa e tal? Nem sempre.

Você é "pegável"? Porque inveja e raiva tem de monte na vida da gente, não tem? Você sabe que tem alguém, pelo menos uma pessoa no universo, que não vai com a sua cara, não é? Se você tem lista de desafetos, das pessoas que não engole ou detesta na vida, acredita que os outros também não têm a deles?

Sentimos muito ter de lhe dizer, mas você também é o desgraçado de alguém. Você deve ter pelo menos uns três ou quatro na vida que não podem nem ouvir falar no seu nome. Se, às vezes, você sente raiva dos outros sem motivo, imagine com motivo, então...

Nós somos como rádio, é uma questão de sintonia. Mas há o lado bom disso tudo, porque tem gente que gosta de você, que torce e até reza por você. De acordo com o pensamento, cria-se um campo de força e você atrai um semelhante, ficando em sintonia com ele.

Pense um pouco agora. Em que sintonia você se encontra neste momento? Como você se ligou hoje nas coisas, nas pessoas?

Temos a certeza de que você esteja numa outra faixa intelectual agora, porque está lendo o livro. Entretanto, há outras faixas menos intensas ligadas em você neste momento, que são as sintonias que você fez hoje, nos últimos dias. E você só percebe tais sintonias dando atenção à sua sensibilidade.

A sensibilidade nos ajuda a enxergar em detalhes a riqueza da vida. E essa riqueza nos dá lucidez, discernimento, consciência e grandeza.

No estágio de evolução em que nos encontramos, a sensibilidade é um veículo de captação de energias superiores. Por isso você precisa aprender a trazer essas energias para si, alimentar-se delas, saber classificar as energias boas para você, livrando-se daquelas que não lhe fazem bem.

É imperioso aprender a reconhecer, classificar as situações do dia a dia, aprender a energizar-se, proteger-se, trazer boas energias para sua saúde, seus negócios, seu trabalho, sua família, seu casamento ou relacionamento.

A sua sensibilidade vai de acordo com a sua atenção. Se você tiver um problemão para resolver, acaba colocando sua atenção só nele. Ocorre que a sua sensibilidade se desloca para o problema, impedindo-o de perceber outras coisas.

No momento que você se acalma e fica mais tranquilo, tirando a atenção do seu problema, a sua sensibilidade fica mais livre, ajudando-o a ter boas ideias, a encontrar uma melhor solução para o seu problema.

Quando alguém tem um problema parecido ao seu, você quer se salvar no outro, na energia do outro.

Vamos confessar. Quem quer se firmar no mundo, ter um lugar ao sol, precisa assumir a responsabilidade sobre os seus problemas. No caso de alguém tocar seus sentimentos com o problema dela, procure não entrar na sintonia. Depois, em casa, reflita:

"É, aquilo no fulano mexeu comigo! Mas é uma projeção, eu só me impressionei. Então eu vou estudar, melhorar, vibrar por ele para que encontre uma solução...".

Assim é que você deve perceber as coisas que o tocam.

E é só por meio do sexto sentido que poderá alimentar esta percepção, esta parte terna em você, que sustenta a matéria, a sua vida, que o leva à sua plena realização, porque essas energias superiores são o combustível do ser humano, que garantem o seu equilíbrio e bem-estar.

7
O sétimo sentido

A fé está no coração, não nos joelhos.

Jerold Douglas William

O sétimo sentido é uma antena ligada com a fonte da vida, com Deus. É onde mora a sua alma, portanto, é o sentido da alma, da inteligência.

É o espiritual, o verdadeiro, como sentido da inteligência, porque, a bem da verdade, você não tem inteligência. Você a capta do universo. O seu sétimo sentido é quem capta a inteligência.

O sétimo sentido domina o mundo externo, o mundo energético, captando a inteligência em nível operacional. Ele está ligado no astral das pessoas.

Está também na alma, que capta a verdade absoluta, a inteligência universal. Ele se comunica direto com a verdade.

Por meio do sétimo sentido, você capta a verdade como constituição de uma realidade absoluta. Nele estão as leis, as estruturas cósmicas, os impulsos básicos da organização universal.

Ele se manifesta por intermédio do amor, da graça, beleza, leveza, simpatia, motivação. A inspiração para a música, textos, grandes ideias, bem como a intuição, quando você percebe alguma coisa excepcional, vem do sétimo sentido.

O gênio é aquele que consegue lidar com este sentido. E você só entra em contato com ele quando está bem, com disposição, sentindo-se muito bem.

Você pode estar se perguntando como fazer para se conectar, ligar-se com este sentido tão especial. Você não se liga nele. Ele é que está constantemente ligado em você. Acredita? Pois é.

Você é quem se desliga dele. Para ligar-se novamente a ele, basta apenas lhe dar atenção. O seu pé está aí, não? Você não "sente" o pé a todo momento, só quando presta atenção nele.

O sétimo sentido é o bom senso dentro de você, aquela sensação no peito de correto, ético, justo, bom, por isso ele se localiza no peito.

Lembra-se de alguma vez que teve uma ideia brilhante lá na firma, em casa, que surgiu do nada? Foi porque estava com o sétimo sentido ligado.

Quando você mantém o hábito de estar sempre ligado neste sentido da alma, percebe na hora a diferença nos negócios, no trabalho, nas suas relações afetivas ou de amizade, em tudo.

Claro que ouviu, alguma vez na vida, alguém dizer que fulano era uma pessoa iluminada, não? Pois bem. Esta pessoa estava ligada no sétimo sentido. Só isso.

Ao ligar-se nesse sentido, você fica com vontade de fazer o bem no mundo, procura a sua realização como ser universal. A oração, a reza, a prece são maneiras, operações mentais pelas quais você se liga nele.

O sétimo sentido tem uma capacidade típica do universo: ele não tem tempo nem espaço. É ele quem percebe o passado, o futuro, a premonição. Dependendo de como você é, de como vê as coisas, o seu sétimo sentido vai mostrar algo do futuro de acordo com suas crenças.

Se você for muito ansioso, preocupado, você vai prever as catástrofes, as tragédias. Se for mais apegado, vai recordar cenas do passado, de vidas passadas. Se é equilibrado, está sempre em paz, você vê o bem de cada um, o potencial de cada um, a força de cada um.

Esse sentido tem poder sobre todos os níveis de energia. Como não há tempo tampouco espaço, ele movimenta a matéria como quer. Ele materializa as coisas, inclusive seu destino. Tudo que está relacionado à matéria, de dinheiro a autocura, materializa-se, realiza-se por intermédio dele.

Também é capaz de reorganizar a matéria, pois está ligado à estrutura da inteligência universal, por isso é um sentido que pode transformar uma coisa e reorganizá-la em outra.

Jesus é um exemplo claro de quem esteve sempre ligado no sétimo sentido. Ele tinha controle sobre o mundo material, transformava água em vinho, curava doentes, transmitia um carisma, um amor incrível etc. Era só tocar em Jesus e a pessoa sentia tudo isso.

Os grandes profetas e os pregadores das verdades cósmicas eram portadores de grandes fenômenos de materialização também.

A espiritualidade tem a ver com o desenvolvimento desse sentido. A busca da verdade, do certo, das respostas da vida também tem profunda ligação com o sétimo sentido; os milagres e outros fenômenos paranormais também estão ligados a este sentido. Ele provoca grandes concentrações de energia onde o poder espiritual tem uma força intensa, como Jerusalém e outros lugares santos.

Esse sentido o contacta com o universo, dando-lhe a possibilidade de interferir no conjunto de suas atitudes, que são seus modelos de vida. É por esta razão que as suas atitudes afetam esse sentido a todo instante. O sétimo sentido incorpora as suas atitudes e faz sua vida de acordo com este modelo.

Você faz a sua lei, sabia?

Quando você se liga no bem do outro, você sente amor pela pessoa. E, quando o meu sétimo sentido percebe você, o resultado é: eu te amo.

Mas, veja, não é esse amor melado, infantil, com aquela voz infantil que você faz para o benhê. Não confunda com apego, com paixão. É algo muito maior, o amor no sentido de gostar mais profundo, incondicional, entendeu?

O mesmo acontece com um artista que trabalha por inspiração. A alma dele já sabe o que vai fazer deste artista daqui a quatro anos. Você pode ter esse poder e não usar. Esse poder funciona por estímulo, em cadeia.

Toda pessoa que fica ao lado de alguém mais sensível também incorpora essas qualidades naquele momento. Se você não presta muita atenção nas coisas e fica do lado de uma pessoa muito visual, em pouco tempo você fica mais visual, percebendo, notando as coisas.

Ele nos contagia. O contato com o sétimo sentido faz você sentir e estimular as próprias energias. Não entra energia de fora, mas o que vem de fora é que estimula as suas energias.

Se alguém xingá-lo e você não estiver nem aí, a energia não chega, não fica em você. É só uma questão de mudar de atitude, mudar de jeito, e você sempre fica bem.

Saiba que espírito obsessor odeia gente positiva. Se você não tem medo, você não pega o medo dos outros, não pega macumba, não pega nada. Os outros só dão sugestão e você é que continua o trabalho de se impressionar e acreditar no medo, na macumba, no olho-gordo...

Você é a causa de tudo

Sabe aquele homem da roça, analfabeto, que nunca pegou num livro, mas em compensação tem um bom senso, uma clareza na vida fora do comum? É porque ele tem uma percepção aguçada da vida, ele confia, ou seja, tem um fio ligado com o sétimo sentido.

E, já que estamos falando de sétimo sentido, é importante você saber que tem uma vida que a sua alma quer viver. Não existem duas vidas.

Dá a impressão de que você tem uma vida e deveria viver de um outro jeito, não é mesmo? De que a vida que você leva está errada. Não é nada disso. Já existe um roteiro para você e o caminho fica por sua conta. Se você escutar o seu roteirista, que nada mais é que a sua alma, você vai ser guiado para a sua felicidade.

Se você estiver bem centrado, em sintonia consigo mesmo, até pode ser que tenha objetivos de vida, o que alguns chamam de missão. Mas existe tanta confusão mental, que às vezes não dá para saber se você está, de fato, caminhando na trilha da sua felicidade.

E, cá entre nós, só se chega ao caminho da felicidade quando você segue a própria intuição e não a sua cabeça. Se você fica só ligado na cabeça, aquilo que é melhor para você vem pelos outros.

Como você, muito provavelmente, não escuta a alma, ela usa as pessoas ao seu redor, ou até mesmo um livro para se comunicar com você. É como se a alma estivesse lhe dizendo: "Olha aí, preste atenção nisso".

Tudo bem. Você pode ser do tipo que quer provas para ver se o sétimo sentido está trabalhando, mesmo, a seu favor. Se pedir provas, prepare-se. O seu bom senso, quando quer que você entenda algo, vira a sua vida do avesso. Ele é tão honesto em seu trabalho que é capaz até de colocá-lo numa cama de hospital, criar um acidente, só para você escutá-lo.

À medida que você vai se ligando na alma, dando mais atenção, não precisa mais perguntar ou pedir ao mundo o que é melhor para você. Ela, a alma, responde.

Quando quiser começar a escutá-la, ela vai encaminhá-lo para o lugar, para as coisas, pessoas, enfim, para onde realmente está a sua felicidade. E o trabalho fica mais fácil, se você não tiver um ideal ou ideais na vida.

Viver sem ideal ou expectativa é como aquelas situações na vida onde tudo deu certo e você nem imaginou como seria, entende? Porque a alma não consegue agir se você interfere com a cabeça.

Interferir com a cabeça é entrar em padrões rígidos, é quando você vai contra você, segue a moral do mundo, acredita piamente que precisa se comportar de maneira assim ou assada, porque pega mal ter determinado comportamento etc.

A alma capta os desejos de Deus e os coloca em você. É o que chamamos de vocação, motivação. Porque, sim, as realizações divinas são feitas por seu intermédio. Sem você, não há realização divina. Você é o realizador de Deus, ou da fonte de vida.

É preciso enxergar a si mesmo como um canal entre a fonte e a realização. Quando você o reprime demais, você perde a vontade de viver.

Alegria de viver

Da alma vêm a boa vontade, o alto-astral. Se tentar consertar a sua vida em função do que julga estar errado, não vai dar certo. Porque você enfatiza o errado e, portanto, não vai crescer. Quanto mais você acreditar que está errado, mais vai ficar.

Um toque legal para não entrar nesta fria é: "Eu sou perfeito".

O resto é bobagem da cabeça.

Ao se perturbar muito, ou quando você não tem a mínima confiança em si nem nos outros, a intuição vem pelos sonhos. Ou prefere ir até a mulher das cartas, para saber do futuro, o que vai acontecer. A mulher das cartas se transforma no instrumento que vai guiá-lo, já que você não se escuta.

Quanto mais você confiar em si, mais forte esse sentido vai se tornando. Portanto, abra suas portas para o sentido da alma, que é o bem verdadeiro, eterno e justo. E viva do bem do coração, reeduque o seu mental. A sua missão na Terra é fazer com que os seus sentidos obedeçam ao sétimo sentido, para entrar no processo de evolução sem dor.

Pode vir a questão: se os demais sentidos devem obedecer a um único, como fica o livre-arbítrio nessa história toda? Veja, você pensava que escolhia na vida, o que não ocorre na verdade.

O modo como você segue a vida, você escolhe, com certeza. Mas, para onde você vai, não escolhe. Você vai ser o que tem que ser, cedo ou tarde. A alma usa o arbítrio em favor do seu roteiro. Só ela sabe onde está o melhor para você, o mais fácil. O negócio dela é não sofrer.

O maior empecilho para se ligar no sétimo sentido é a maneira de sentir, de se identificar com coisas ruins; de se considerar um sujeito imperfeito, errado.

Além do mais, Jesus já dizia que devíamos ser perfeitos como o Pai no céu, certo? Se for realmente compreender a verdade, perceberá que Deus está dentro de você. A sua ideia negativa de religiosidade faz com que pense que se recolher, entrar em contato com o divino, signifique ficar sério, sisudo, dramático.

O medo da espiritualidade está no fato de as religiões venderem um Cristo sacrificado na cruz, que você precisa de uma vida de dor e sofrimento para se purificar.

Assim sendo, não é a santidade, a religião, mas a constância de usar o sétimo sentido a todo instante, tendo um sentimento de rumo, de certeza, satisfação, firmeza, alegria de viver.

Ao se recolher, ou seja, sair da exaltação da vida para se ligar a esse sentido, os prazeres continuam, e você continua fazendo o bem.

Prosperidade e o sétimo sentido

O fluxo de dinheiro em sua vida está ligado no sétimo sentido. O nosso preconceito espiritual o afasta de nossas vidas. Como em nossa sociedade dinheiro não é espiritual, a sua sensibilidade vai se afastando e, consequentemente, a sensibilidade que conversa consigo e lhe mostra o melhor também se afasta. Dessa forma, abre-se espaço para o tédio, a depressão, sofrimentos em geral.

Não há mais necessidade hoje de se ter essa ideia antiga de espiritualidade. Precisa sim, cada vez mais, ligar-se em seu sétimo sentido para estar ligado na vida, sentir aquela confiança de que tudo vai dar certo.

O que nós, você e a maior parte do mundo, desejamos? Paz, tranquilidade, realizações, sucessos na vida. Isto posto, precisamos criar condições para que esse direito nos venha por mérito. E o mérito consiste em mudança de atitude.

Está bem. Você, talvez, tenha uma ideia de imperfeito, de que não tem direito a muita coisa. Vamos ajudá-lo a enxergar-se de outra forma. Pense em você como a melhor pessoa, estamos afirmando a melhor, a mais bonita, mais inteligente, mais interessante, mais deslumbrante etc. Olhe para você como um ser alegre, maravilhoso, cheio de potencial.

Chamamos isso de "atitude de perfeição", porque só dessa forma você verá como a sua alma se manifestará em tudo na sua vida, no cotidiano. Esqueça, de uma vez por todas, essa ideia de imperfeição. A constituição do ser é a perfeição.

Mais para a frente, no capítulo que tratamos das faixas astrais, há alguns exercícios para ajudá-lo a afastar pensamentos negativos, positivar ideias, escolher posturas mais alegres, que lhe tragam bem-estar.

Verá como essas pequenas técnicas, tão simples, mas extremamente úteis, irão ajudá-lo a fortalecer a autoestima e se manter mais equilibrado e de bem com a vida.

8
Ligações energéticas

> *Nossas virtudes e nossos sentimentos são inseparáveis, assim como força e matéria. Quando se separam, o homem deixa de existir.*
>
> Nikola Tesla

Você tem a capacidade de atrair boas energias para a sua vida. Você tem qualificação para isso, nós garantimos. E, obviamente, terá progresso, dependendo da sua tentativa, do seu esforço.

Tudo bem. Estamos até imaginando, por exemplo, uma pergunta no ar:

— Marcelo, Helton... É meio complicado. Estou muito preocupada com a minha mãe lá no hospital, doente. Como vou atrair energias boas com uma mãe doente? Como deixar de lado essa preocupação? Impossível. Como fica o meu sentimento de filha?

Preocupação é energia ruim, faz ligações negativas com as pessoas. Sua preocupação vai curar a sua mãe? Claro que não. Você tem mais condições de ajudá-la, se você largar. Largue a sua mãe. Mande luz, amor para ela, aí sim, você a estará ajudando.

O amor não preocupa. Veja, se você está preocupada, vai passar energia de preocupação para ela. Pensa que ela, lá no hospital, não pega, não absorve essa energia que você emana? Pega sim.

Agora, se você faz uma ligação positiva com a sua mãe e, principalmente, com você, aí tudo bem, você é capaz de fazer uma doação nutritiva para ela.

A doença é dela, é um problema só dela, lição na vida dela. Imagine-se ao lado dela lá no hospital, beijando-a e abraçando-a com muito amor, muita luz. Ou até vá ao hospital e faça isso, mas sem se envolver emocionalmente com a doença dela.

E, quando você está no bem do coração, com aquele sentimento de bondade, você vai jogar energia de bem-estar no ambiente, no quarto do hospital.

Sua mãe vai sentir imediatamente essa coisa gostosa que você emana, esse seu sentimento puro de amor. Você não pode dar, doar nada de bom, se não estiver no bem.

Hum. Já sentimos, aqui, outra questão nos rondando:

— Não concordo com vocês. Eu só fiz o bem para minha amiga, não estava preocupada com ela.

Mas minha melhor amiga me apunhalou pelas costas. Ela me traiu.

Que bem é esse que você fez? Se você pensou que estava fazendo o bem e a resposta que teve foi ruim, levando golpe, desaforo, é porque você estava na maldade. Porque, coloque isso de uma vez por todas na cabeça: o bem não é para pensar, é para sentir.

Se você *pensou* em fazer o bem, já estava com malícia na cabeça. Quem não tem mal na cabeça não pensa. Sente e faz, mais nada. Aquele que quer fazer o bem para os outros não está fazendo o bem próprio.

Deixe-me explicar melhor. Você se mete na vida das pessoas, na energia delas, na decisão que elas têm de tomar, nas coisas que elas devem fazer. Precisa ter cuidado para se envolver, e isso se chama respeito. Cada um deve saber o que é seu e o que é do outro.

Geralmente aquilo que eu capto em você, eu tenho em mim. E se o que eu captei em você me irrita, é porque eu tenho em mim e não aceito.

Quando eu não aceito algo em mim, eu recalco um sentido, reprimindo, escondendo o que eu não quero sentir, o que eu não quero enxergar. E, como qualquer sentido, você pode bloquear o sexto sentido.

Acredita que não? Que é impossível bloquear o sexto sentido só porque ele é um sentido astral? Mas você tem esse poder. Tem gente que é surda e só escuta o que quer. Como tem gente que não quer ver, perturba-se e usa óculos, porque não quer enxergar certas coisas na vida.

Se você tem a capacidade de reprimir um dos cinco sentidos, por que não teria condições de reprimir o sexto sentido também?

Claro, você pode se perguntar, como se reprime esse sentido? Você reprime os seus sentidos, um deles, ou talvez alguns, por medo, pavor, ou indiferença.

Uma pessoa, ao reprimir muito os seus cinco sentidos, que não quer ver a realidade de sua vida, não quer escutar ninguém, fugindo do mundo, de suas responsabilidades, torna-se psicótica.

A vida não encontra meios normais para se contactar com essa pessoa. Mas como [a vida] é muito sábia, e os sentidos estão reprimidos, vão despertar por vias paranormais.

Por isso, toda pessoa desequilibrada mentalmente tem mediunidade. Todo louco de hospício tem uma sensibilidade aguçada, porque fica com o sexto sentido adoidado, amalucado ao extremo, escutando vozes, vendo coisas, tendo alucinações, seja da mente dele ou de um desencarnado, não importa.

A única coisa que se pode fazer com um louco para sossegá-lo era, até poucos anos atrás, dar choque elétrico na cabeça. Funcionava como um chacoalhão da vida. Desgrudava ameba, obsessor. Atualmente usam-se drogas poderosíssimas, com efeitos semelhantes. E, caso não houver mudança no comportamento do paciente, depois de um tempo, todos os sintomas da mediunidade voltarão. Começará tudo de novo.

Pode parecer desumano, no entanto, tudo o que é usado, inventado aqui na Terra, é porque existe uma necessidade. Conforme a humanidade evolui, as coisas também vão mudando. A humanidade dá um passo e Deus encontra espaço para dar outro.

Isso não quer dizer que você precisa desenvolver sua mediunidade porque vai terminar num sanatório. Não. Longe disso. Essa é a visão de alguns espíritas que pararam no tempo.

E, por favor, não confunda mediunidade com paranormalidade. Não é tudo igual? Não. Não é.

9
Mediunidade e paranormalidade

> *Só as grandes crenças proporcionam grandes emoções.*
>
> Honoré de Balzac

Vamos primeiro diferenciar mediunidade de paranormalidade.

O estudo sobre a mediunidade surgiu em meados do século XIX. Mediunidade significa a capacidade que a pessoa tem de perceber as duas dimensões, material e astral. Já a paranormalidade surgiu em meados do século XX, como uma proposta científica do estudo da mediunidade.

Há fenômenos controlados pela vontade do indivíduo, e outros que não são. Existe uma série de habilidades de percepção dos outros, de percepção do ambiente, que nós controlamos, como também existem fenômenos, ou habilidades, que dependem do contato com um desencarnado, de um participante de outra dimensão.

A parapsicologia se interessou mais em estudar o primeiro caso, dos fenômenos que o homem controla conscientemente, que são passíveis de serem testados, como a telepatia, a percepção além do tempo e do espaço, a vidência etc. Ela não quis entrar diretamente no assunto sobre pessoas em outras dimensões, sobre vida após a morte, pelo preconceito que existe em relação à morte na cultura ocidental.

Com o interesse pelo estudo cada vez mais profundo no campo da energética, o homem tem se debruçado sobre o mundo das energias, preparando a humanidade para entender outros fenômenos.

O próprio avanço da ciência nos prepara para novas concepções. É o caso de redes sem fio conectadas à internet. É assim que todas as pessoas, no mundo inteiro, podem se conectar em tempo real.

E a mediunidade, por sua vez, trata de relações energéticas. A expressão "desenvolver a mediunidade" ficou estigmatizada pelo fato de a pessoa ir a um centro espírita toda desequilibrada, às vezes até em estado de choque e ser praticamente obrigada a frequentar um curso e trabalhar [no centro].

Antigamente, nós não tínhamos o conhecimento dessas energias que estudamos hoje, não havia conhecimento mais profundo em relação ao sexto sentido, às nossas sensações, às nossas atitudes, ao poder do nosso pensamento. Dessa forma, tudo se resumia a problema espiritual.

Nós, os autores, trabalhamos em centro espírita por muitos anos, atendendo a casos e mais casos todos os dias. Com o tempo, notamos o seguinte: a pessoa recebia tratamento com consulta, passe, água fluidificada, indicação de leitura do evangelho no lar, enfim, fazíamos e oferecíamos à pessoa tudo o que estava ao nosso alcance dentro da doutrina espírita.

Pois bem. Passava um mês, a pessoa voltava ao centro, com os mesmos problemas, as mesmas complicações. Lá no centro, intuído pelos nossos amigos espirituais, passamos a estudar essas pessoas. Percebemos que elas faziam tratamento espiritual completo, liam o evangelho [no lar] toda semana, mas faltava a mudança de postura, a mudança de atitude dessas pessoas. Elas queriam ajuda, mas não se ajudavam.

Algumas eram mimadas, arrogantes, o mundo tinha que mudar e parar para entendê-las. Elas acreditavam e nos juravam de pés juntos que não tinham de mudar em nada, eram coitadas, vítimas do mundo, da família, do marido, do filho, da esposa carrasca, do chefe tirano, do irmão bandido, do tio cafajeste...

A pessoa desequilibrada precisa sempre se ligar a um astral bom, porque ela própria não tem. Ela vai ao centro, toma passe, recebe energias nas costas para encaixar o corpo. Isso deixa a pessoa leve, bem, sai até enxergando melhor.

Contudo, de certa maneira, o tratamento dura até ela chegar a sua casa. Fechou a porta de casa e já se mete no problema dos filhos, sintoniza no canal de notícias na televisão, liga e briga com a cunhada, conecta-se às energias do lar.

Pronto. É claro que a pessoa não percebe, tampouco aceita que ela mesma é responsável pelo que está atraindo de ruim. E se engana, chegando à conclusão de que o centro não era tão bom assim, que eu ou o Helton não fomos bons conselheiros, não lhes demos tratamento adequado, que o centro não resolveu o problema dela. Ela não assume as suas responsabilidades diante da vida.

Um médium equilibrado é aquele que tem uma personalidade boa para enfrentar as coisas da vida. É aquela pessoa que entra e sai do corpo a hora que quer, com ordem. Sai do corpo, liga-se com o mentor, concentra-se, faz uma prece. Sintoniza-se com o astral positivo.

É o indivíduo que recebe tratamento, chega a sua casa, fecha a porta e acabou! Está tudo bem, não importa o que aconteça. Ele consegue controlar as emoções. E esse controle não se aprende em curso. É uma qualidade do desenvolvimento da personalidade da pessoa.

Afinal de contas, o que você não pode fazer por si, ninguém poderá fazer por você. A responsabilidade é toda sua no caso de estar sendo obsediado por desencarnado, porque você não tem domínio sobre si. Tudo acontece por afinidade. Se você entra em estado de obsessão, é porque arrumou amigos desencarnados que pensam como você.

Desligar-se desses fios energéticos que você se conecta quando não tem posse de si, quando não se assume, é tarefa mesmo de centro espírita. Só que é imperioso você vigiar seus pensamentos, vinte e quatro horas por dia, e não frequentar eternamente um centro espírita porque está sempre carregado, porque precisa "tirar as cargas".

Um centro espírita foi feito para você orar, discutir a doutrina, tomar passe para recompor as suas energias, receber orientação espiritual. Não é para você chegar se atirando na porta, afobado, declarando que não aguenta mais a perseguição das "entidades".

Um aviso. Você, que não aceita a realidade, não aceita a vida como ela é e controla tudo, é muito orgulhoso, vaidoso e sem confiança em si, tome cuidado, porque, se você anda bloqueando seus sentidos, saiba que as energias precisam passar de algum jeito.

Se você as impede, vão passar todas juntas e misturadas pelo sexto sentido, logo você se tornará um candidato ao desequilíbrio, caindo na porta de um centro espírita qualquer, em estado catatônico. É isso o que quer?

Outro aviso. O sexto sentido não é controlado por nada, por ninguém. Ele é percebido. O recado foi dado.

A chave do bem-estar é o equilíbrio

Entenda que os sentidos têm uma ordem natural para fluir na sua vida, conforme você amadurece. À medida que você cresce, desenvolve-se, mais sensíveis os sentidos vão se tornando.

É aquela velha história: se não usa, estraga. Com o passar dos anos, a sensibilidade dos nossos sentidos vai adquirindo qualidades. Por exemplo, um artista tem um olho desenvolvido para a cor, para a textura etc.

Por conta disso, você tem que ter personalidade para aguentar certas sensibilidades. Sabe aquela amiga que diz para não chegar perto da filha porque a menina chora, é muito sensível? Pede para falar com jeito com a menina porque ela é toda delicada?

Pois é. A menina não é sensível, tampouco delicada. Ela é manhosa, desequilibrada mesmo. Toda pessoa, independentemente da idade, superprotegida, é forte candidata ao desequilíbrio, porque qualquer coisa, por mínimo que seja, a afeta. Gente assim sofre muito.

Entenda simplesmente que sensibilidade é a capacidade de perceber, com mais profundidade, com mais riqueza de detalhes, o mundo. E esta sensibilidade é disciplinável em todos os sentidos.

Se você toma posse de si, tem mais equilíbrio, não precisa usar a sua sensibilidade astral só para receber espíritos. Pode ter mediunidade por meio do sonho, por exemplo. Quando você dorme, desprende-se do corpo e sai da pressão da matéria, fica muito mais sensível a uma série de condições.

Naturalmente, tendo um bom campo de energia ao seu redor, acaba saindo bem do corpo e logo já se afiniza com uma boa turma astral. Essa turma o leva para fazer curso, assistir a palestras, ajuda você na resolução de determinados problemas. Você vai, com o tempo, desenvolvendo outras qualidades.

Acontece que, ao regressar ao corpo, você volta a ser aquela criatura envolvida por condicionamentos e hábitos. É por essa razão que muitas pessoas, ao morrer, descobrem-se melhor do que quando estavam vivendo aqui no mundo, porque na matéria elas não conseguiam vencer uma série de condicionamentos, de hábitos. Daí que, depois de mortas, conseguem "viver" melhor. Em contrapartida, há um monte de gente encrencada aqui no mundo que, quando morre, fica mais encrencada no astral.

De qualquer maneira, tudo vem da habilidade, da atitude, da mudança. São pessoas que se encontram na matéria e seus condicionamentos são permeados por "tem que". A pessoa fica presa nos seus valores. Quando larga o corpo, a pessoa se sente mais livre, desprendida da família, das obrigações, acaba o "tem que"...

O mesmo ocorre quando você está num grupo de amigos, muito à vontade. Depois se desloca para um grupo em que as regras são duras, onde as pessoas são bem diferentes de você. Até procura se adaptar, mas não se abre inteiro. É quando você tenta fazer o "social".

Quem não o conhece vai dizer: "Nossa, mas esse cara é tão tímido, tão fechado. Que coisa!". Depois, essa mesma pessoa encontra você lá com seu grupo de amigos, batendo papo de forma descontraída, completamente solto. Ela nem acredita que seja você: "Meu Deus! Você aqui, assim? Quem diria!".

É que nos afeiçoamos muito ao mundo. Vamos muito de acordo com o ambiente. Pode perceber: você muda conforme o ambiente, mostrando outras qualidades suas. Tendo a sua coragem e sendo você mesmo em qualquer ambiente, começa a surgir um pouco de vidência, de premonição etc. Porque essas faculdades vão ocorrendo conforme você se torna uma pessoa mais desinibida, mais solta na vida.

Você não tem mais vaidade, não tem mais apego ao mundo, não importa o que digam ou o que falem de você. Chegou ao ponto em que não se incomoda mais com os outros e até gosta dos outros, independentemente do que falem ou digam.

Só mesmo sendo uma pessoa desprendida para gostar das pessoas, aceitando as suas diferenças, mesmo as mais cruéis.

O melhor meio de viver bem num ambiente misto é realizar o exercício da firmeza interior, da atitude melhor, investir o máximo que você puder neste poder que a natureza lhe deu. O domínio da sua vida e a consequente melhora dela vai depender disso.

O que atrapalha muito a conquista do domínio, infelizmente, é a baixa valorização das pessoas, não aproveitando tudo aquilo que podem fazer por si, acabando por ter uma vida com consequências muito difíceis. É dessa maneira que você aprende com o erro e com o acerto de todo mundo.

Por conta disso, perceba como é importante melhorar a sua autoestima, valorizar as oportunidades e trabalhar na sua firmeza, naquilo que é possível. Vá fazendo as suas coisas com jeito, na persistência, entendendo que o melhor trabalho é aquele que você faz por si.

E mais um toque: não confunda rigidez com firmeza. Rígida é a pessoa teimosa, dura. Firme é a pessoa que aprende que ordem e disciplina não são forçadas; é a pessoa que persiste naquilo que é o bem.

Ninguém está empurrando o bem em você, mas é o bem que você sabe. E persistir no bem não é teimosia, mas firmeza. Persistir no bem é assumir a responsabilidade do melhor para você.

10
Formas-Pensamento, egrégoras e mente social

> *O verdadeiro mistério do mundo é o visível, não o invisível.*
>
> Oscar Wilde

Formas-Pensamento

No passado, houve culturas que tratavam os micróbios como coisas do mal. Os micróbios e as bactérias atacavam o corpo das pessoas, e elas ficavam doentes. Como não eram vistos a olho nu e antigamente não havia microscópio, muitas culturas os tratavam como seres do mal, forças do Além.

As bactérias estão bem próximo do mundo astral, e tanto elas como os vírus nada mais são do que a materialização de formas-pensamento. É a condensação do mundo astral para o mundo físico, sintetizando formas-pensamento destrutivas.

O sexto sentido capta essas formas-pensamento, sejam elas positivas, negativas, de encarnados, ou de desencarnados. É por isso que os vírus aparecem quando você está em baixa, em depressão, quando você está mais no negativo.

Ao sair de um estado depressivo para um estado positivo, você consegue vencer doenças, restabelecendo a ordem no seu corpo, mantendo um sistema imunológico forte o suficiente para combater os vírus.

E o que seriam, de fato, formas-pensamento? Bem, formas-pensamento são estruturas mentais que nós criamos e alimentamos ao longo de nossa vida.

Elas ficam em volta de nós, como nuvens, fumacinhas, que também chamamos de amebas. Sabe aquelas vozes que você tem, que ficam direcionando a sua vida, mandando você fazer isso ou aquilo, ir para lá ou para cá? São as próprias.

É a sua personalidade, ou as suas várias personalidades, aquele jeito seu que você usa em determinadas situações. E você pode ter formas-pensamento tanto positivas como negativas.

As negativas podem ser o bonzinho, o crítico, o dominador, o nervoso, o implicante, o ranzinza etc. E as positivas seriam o bom profissional, o disciplinado, o sensato, o simpático, o carismático.

A simpatia, por exemplo, é uma forma-pensamento bem nutritiva.

Sabe aquele primo cuca-fresca, sempre na dele, que dá jeito em tudo? Pois bem, ele criou uma ameba, uma forma-pensamento que realmente "dá jeito em tudo". É uma voz dentro dele que fica martelando o tempo todo. E isso é bem positivo.

Essas amebas têm força quando você se liga nelas. Dependendo de como elas o tocam, você vai reagir bem ou mal.

De certa maneira, o convívio com as pessoas cria estampas em nós. Por exemplo, vamos supor que você teve, ou tem, uma mãe medrosa. O medo dela vai se estampando em você ao longo dos anos. Aí você cria aquela ameba de que tudo é perigoso, você tem que tomar cuidado com as coisas, com as pessoas, não deve dar confiança aos outros, o mundo é um perigo só. Você cresce ouvindo, dando atenção, e a ameba vai crescendo junto.

Enquanto você der crédito para essa voz, enquanto der muita atenção, ela vai estar presente. O dia em que você resolver não dar mais importância, o dia que se der valor, aprender a ter coragem, encarar o mundo sem medo, essa ameba da "mãe medrosa" deixa de existir em você.

Infelizmente, é hábito do brasileiro dar valor para o medo, para as coisas ruins. É preciso neutralizar, largar essas amebas que nos atrapalham, com o nosso poder.

Você pode fazer isso dizendo para a sua ameba:

— Agora eu sou um homem forte, enfrento o mundo, não ligo mais para você não! É tudo bobagem, não acredito em você. Aliás, eu não preciso mais de você, pode ir embora.

Você investe a sua atitude em coisas melhores. A ameba medrosa vai embora e o lugar dessa ameba fica vago, dando a você a chance de criar uma nova atitude, novas estruturas com novas potências, capacidades, influenciando você e o mundo, atuando no meio em que você vive.

Cabe ressaltar que as amebas não atuam só em você, porque as pessoas sentem com o sexto sentido delas as formas-pensamento que você criou a sua volta. Perceba que constantemente você está se comunicando nesse nível. Outro exemplo:

— Fui comprar roupa naquela loja badalada do shopping, mas na hora que a vendedora veio me atender, não sei, senti uma coisa esquisita, uns arrepios pelo corpo. Quis sair correndo de lá! A loja até que era agradável, mas a vendedora, sei não...

Provavelmente, a vendedora devia estar com a ameba "da coitada", "da injustiçada", ou até mesmo com a ameba "da que não tem paciência".

Como você estava bem, acordou de bom astral naquele dia, estava mais centrada, percebeu a energia da vendedora, apenas isso.

— Meu marido fala que eu sou meio esquisita, porque saio daqui de casa e atravesso a cidade toda só para comprar naquela lojinha perto da minha mãe. Não sei, a lojinha é um cubículo, toda empilhada de coisas, difícil de se locomover, mas a vendedora é tão bacana! Eu adoro ir lá fazer umas comprinhas. Eu me sinto superbem naquele buraco.

Veja, não é o aspecto da loja, mas a energia do lugar, a energia da vendedora que é gostosa, agradável, nutritiva. E é interessante a capacidade desse nível energético, porque ele transcende o tempo e o espaço.

Egrégoras

As formas-pensamento que você cria, além de acompanhá-lo, permanecem no ambiente. Quando um tipo de pensamento é muito cultivado, muito vivido num grupo, num determinado lugar, forma-se uma egrégora. Ela é um conjunto de formas-pensamento, uma ameba grande, que vive num lugar ou num objeto.

As egrégoras se formam em nossas casas, na firma em que você trabalha, na sua loja, nas escolas e assim por diante.

Os lugares santos, lugares em que Jesus passou durante sua vida na Terra, por exemplo, possuem egrégoras boas. Algumas igrejas também. Não são todas, porque tem igreja por aí que dá vontade de sair correndo, nem passar pela porta. Vai saber o que as pessoas pedem lá dentro, não é mesmo?

Também há lugares onde a egrégora é pesada, ruim. A casa daquele vizinho, que, ao beber, briga e ameaça a mulher e os filhos, tem uma egrégora de medo, de revolta, uma energia muito ruim, de desequilíbrio.

Geralmente, um hospital é lugar onde a egrégora também não é agradável, porque as formas-pensamento que lá estão são pesadas, de doença, aflição, desespero e morte. O hospital pode até ser bonito, ter uma bela decoração, possuir atendimento com padrão de Primeiro Mundo, ter enfermeiras atenciosas, médicos competentes e até bonitões, funcionários simpáticos; contudo, com o passar do tempo, o lugar vai se impregnando com essas formas-pensamento, e a nossa sensibilidade, o nosso sexto sentido, percebe isso.

Mas a egrégrora pode mudar, transformar-se de boa para ruim ou vice-versa? Pode. Um bom exemplo de egrégora que se transformou de ruim para ótima ocorreu na Chácara Klabin, um dos bairros mais valorizados da cidade de São Paulo.

Quem mora na capital paulista conhece o bairro, até porque há uma estação de metrô que leva seu nome. Você que está lendo o livro e mora no Klabin, não se preocupe, porque a egrégora ruim se foi. Faz tempo. Mas é uma história bem interessante, para entender bem o que são egrégoras, como se instalam e como mudam seu teor.

O bairro foi fundado no início do século XX, mas, por conta de brigas pela posse dos terrenos entre as famílias que herdaram as terras da região, formou-se ali um grande cortiço, que se tornou, em meados do século passado, a maior favela da capital paulista, conhecida como favela do Vergueiro.

Essa favela existiu por anos, e dá para se ter uma ideia de como deve ser a egrégora de uma favela, o tipo de pensamento das pessoas que lá moram: um ambiente trágico, negativo, muita pobreza, miséria, luta, dificuldade. Completamente o oposto do progresso.

Quando a família Kablin ganhou na Justiça a reintegração de posse das terras, a favela foi removida, depois de mais de trinta anos no local. Isso aconteceu entre fins da década de 1960 e comecinho da de 1970.

Assim foi surgindo o novo bairro, porém o crescimento não ocorria. Quem mora próximo à Chácara Klabin e se lembra da favela sabe como foi difícil o crescimento da região. Eu, que já dobrei os cinquenta anos, lembro-me da dificuldade de o novo bairro prosperar. O coautor, Helton, não tinha nascido ainda...

Imagine só: um bairro localizado na zona sul da cidade, uma região nobre, próximo de estações de metrô, perto da avenida Paulista, numa cidade onde há falta de espaço perto do centro.

Prédios começavam a ser erguidos e não eram concluídos; casas, mansões maravilhosas, eram construídas e demoravam a ser vendidas; padarias e mercados abriam e fechavam logo em seguida; enfim, uma série de situações que impediam o seu crescimento.

No astral do lugar formou-se essa energia, ou seja, o somatório das formas-pensamento de dificuldade, sacrifício, pobreza, que ficou no ar e se impregnou na terra.

Depois de anos, no começo da década de 1990, portanto, vinte anos depois da remoção da favela, seus moradores conseguiram, com as suas novas formas-pensamento, limpar essa energia, destruir essa egrégora negativa.

Hoje, depois de mais de quatro décadas, a Chácara Klabin é um dos bairros mais valorizados de São Paulo. Os prédios não param de subir. O crescimento e progresso continuam. O valor do metro quadrado é um dos mais caros da cidade. Sorte de quem insistiu em ficar.

Do mesmo modo, também serve de exemplo para mostrar o poder de uma egrégora ruim num lugar. Imagine você e sua esposa indo à procura de uma casa, de um apartamento para comprar. Olhe a cena:

— Mas, benhê, a casa é tão bonita, tem tudo o que você queria, está num preço tão bom!

— Eu é que não moro aqui nem morta, não gostei.

Acredite, a sua mulher está certa. Esse comportamento nunca esteve tão presente em nosso quadro de valores, sendo que hoje é mais moderno, estamos mais ligados, e o marido já não é mais besta como antigamente: ele acredita na esposa e não fecha o negócio.

Obviamente fala-se da mulher, porque a educação do homem em nossa cultura é racional, ignorando os seus sentidos. O homem foi educado a ignorar, a não dar atenção a esses fatos.

— Não me diga! Minha mulher não queria aquela casa, o preço estava tão bom, fazia dez anos que estava à venda, eu comprei. E agora? Saímos correndo de lá?

Não precisa se desesperar. Pinte a casa, decore-a do jeito que vocês gostam, transforme, reforme, energize-a a sua maneira; ponha ideias positivas e amorosas lá dentro, coloque a sua mente no positivo:

"Só creio no bem. Só penso bem de mim, só penso bem dos outros, só penso bem da vida. O resto é inferno, e eu não quero mais viver no inferno. Chega! Eu escolho viver no bem e ponto final. O resto é conversa de gente negativa".

Ame a sua casa, adore a sua casa. Todo o bem do mundo vai para onde você vai. Tenha sempre em mente que você é mais forte do que qualquer forma-pensamento, porque você é criador. E, se você é criador, pode criar coisas boas e impor, com convicção, com firmeza, o que quiser. Afinal de contas, você vive de tudo aquilo em que acredita.

Mente social

A mente social também faz parte do sexto sentido. Mente social é o conjunto de nossas mentes, das nossas formas-pensamento brasileiras.

As nossas formas-pensamento se comunicam entre si, formando uma grande ameba nacional. São os ânimos de um país, ou os seus desânimos, as características do mental de uma nação, inclusive das cidades. Como há outra mentalidade, outras formas-pensamento das pessoas, as mentes das cidades são diferentes.

Pelo fato de sermos todos brasileiros, de apresentarmos basicamente os mesmos problemas e de termos muitas coisas em comum, formamos uma grande ameba, uma grande forma-pensamento, que acaba por constituir o governo, fruto da mente social.

Você reflete: então vale o ditado de que todo povo merece o governo que tem? Mais ou menos. Na verdade, são os valores, as atitudes, os pensamentos, as crenças mais comuns que criam uma condição mental para esse ou aquele determinado tipo de governo; para esse ou outro grupo de pessoas estar no governo. É fruto da coletividade.

Não adianta tirar e colocar outro brasileiro no poder, porque é a mesma coisa. São sempre os mesmos brasileiros. Existe uma egrégora nacional, uma mente social de que, quando mudar o presidente, mudará o país. Entenda que não somos um reflexo do governo, mas o governo é um reflexo nosso.

A mente social permite que certas coisas aconteçam no país, como evita que certas coisas também aconteçam, como no caso particular.

Do mesmo modo que seus valores, as suas crenças escrevem e criam o seu destino, a mente social também escreve o destino coletivo da nação. Mas, se você tem uma cabeça bem diferente dessa coletividade, então você não reencarna, não vive aqui.

Agora, vamos supor que você tenha algumas características bem marcantes. A sua vida dentro dessa coletividade pode ser completamente diferente.

Como somos criados e vivemos aqui, somos muito influenciados pelos outros, pela cultura, vamos muito na conversa dos outros, não pensamos muito. Estamos demasiadamente ligados e comprometidos com essa mente social, pela nossa participação em particular.

— Então, quer dizer que vai ser sempre tudo igual? Tem umas coisas aí no país a que o povo dá crédito e eu não gosto, essa coisa de levar vantagem em tudo, de corrupção, de não trabalhar. Como saio desse pensamento nacional? Como não me deixar influenciar por essa mente?

Você se diferencia da maioria do povo no momento que desejar, na hora que quiser. Quem controla a criação das formas-pensamento, das amebas, é você. E sempre a sua ligação com egrégoras ou com a mente social vai de acordo com as amebas que você desenvolveu, e ela, por sua vez, junta-se às amebas afins.

Veja só. Nós, brasileiros, odiamos um pacote econômico. Quando o governo anuncia "medidas econômicas", sabemos o desespero que se instala na nação, mesmo naqueles que acabam não sendo afetados pelo pacote.

Daí eu lhe pergunto:

— Os negócios vão bem, não vão?

— Sim, nunca vendi tanto.

— Por que esse estado depressivo, essa cara apagada?

— Sabe que é, a crise está brava...

Você acaba virando médium da mente social. Vai tudo bem nos seus negócios, mas você entra no desespero alheio, entra na dos outros. Não temos cuidado mental, entramos em qualquer notícia, crise.

Você precisa exercer o seu poder de escolha, saber aquilo que você quer e o que não quer. Caso contrário, você vai ser a primeira vítima da próxima epidemia de gripe que assolar a nação, porque está muito misturado com a sociedade.

Agora, se você estiver muito na sua, não entra assim fácil na dos outros, passa batido por uma eventual epidemia, porque a epidemia é produto da mente social. E também passa por crise econômica, por tudo.

Se você estiver ligado na mente social, entra no rolo, na confusão social. Fica a dica.

11
Faixas astrais

*Ninguém ignora tudo, ninguém sabe tudo.
Por isso aprendemos sempre.*

Paulo Freire

    O astral é uma rede que conecta todas as mentes, sejam de pessoas vivas ou não, encarnadas ou desencarnadas. Não se trata de dimensão, mas de uma condição, visto que em uma dimensão você consegue transitar, entrar e sair dela; já no astral, não consegue sair. E ele transcende o tempo.
    Veja, há todo mundo trocando todo tipo de informação; tudo o que tem vida está ligado no astral, o que morreu também. Fica tudo ali, o pensamento

de toda a humanidade está nele, as ideias estão todas concentradas lá; daí duas pessoas, em partes distintas do globo, captarem a mesma ideia, pesquisas semelhantes etc.

O subconsciente tem acesso pleno ao astral. O inconsciente, nem tanto. Está mais ligado à alma, ao espírito, que, por sua vez, é um pedaço do astral. O cérebro é o equipamento para memorizar no corpo da pessoa determinadas funções e a ferramenta para traduzir as coisas do astral, pois o astral tem uma linguagem só, embora tenha gente que não consegue interpretar nada que dele venha, absorve tudo como se fosse dela e toma, literalmente, na cabeça.

Em nosso mundo, existem seis faixas astrais. Há uma linha horizontal que divide uma faixa física superior, e outra, inferior.

As faixas superiores são divididas em: medo, relacionamentos e comodismo. As faixas inferiores são divididas em: sujeiras astrais, drenagem energética e obsessão dirigida mais o roubo de memória.

O astral, como muitos jamais imaginariam, é vertical. Em alguns lugares, é bem pequeno, quase imperceptível. Em outros, é imenso. Se visto, assemelha-se a um portal. E canalizar cada uma das faixas é mais fácil ou mais difícil dependendo do lugar em que você se encontra.

Há muitas religiões que permitem e incentivam o crescimento de um portal. Por exemplo: "Você tem um encosto e eu vou tirar!"; isso aumenta o medo da pessoa.

De uns tempos para cá, as pessoas estão se tornando mais sensíveis. O eixo magnético do planeta está se curvando, porquanto, de tempo em tempo, os polos trocam de lugar e interferem na sensibilidade do ser humano.

Lugares como cemitérios, hospitais, trânsito pesado, metrô entupido de gente, favelas tomadas por gangues, bocas de fumo são exemplos de locais onde as pessoas sentem, de fato, uma energia pesada no ambiente, sem ter ligação com nenhuma religião ou conhecimento espiritual. É algo ligado ao próprio magnetismo, à sensibilidade da pessoa.

Depois que completa três anos de idade, a criança sai naturalmente da camada do medo, contudo, é incentivada a permanecer e criar mais medo. "Papai do céu vai castigar você se..."; "O parente que morreu virá puxar seus pés na cama caso você não faça..." e pérolas do tipo.

Num primeiro estágio, chega-se à perturbação. Com o tempo, atinge a personalidade e deixa a criança aberta para doenças [casos de diabetes infantil, déficit de atenção]; há casos em que ela já nasce modificada, herda dos pais o medo, e ele vem em suas características genéticas.

Para vencê-lo, é necessário remover capas, fortalecer a pessoa para sair dessa camada. Ela precisa ter ferramentas para sair sozinha. Autopasse, limpeza energética com banho, sal grosso, tudo isso ajuda, mas não é o suficiente.

Quando a pessoa aprende, toma consciência de que pensamentos ruins fazem parte desse astral do medo, denso, ela pode transformar o negativo em positivo e melhorar seu padrão energético.

Mas vamos às faixas astrais. É por meio delas que você vai entender como identificar os seus padrões de energia.

11.1 Primeiro astral superior
Faixa astral do medo

O que é

Antes de entrar no assunto, um pouco de história, para você entender por que e como o medo acabou fazendo parte da nossa cultura, da nossa vida diária.

Antes de o Brasil ser descoberto, por assim dizer, pelos europeus, nossa terra era habitada por povos de diferentes crenças, mitos, religiões, modo de vida, ou seja, um agrupamento de pessoas com uma vasta e riquíssima cultura, que se expressava em mais de 150 línguas diferentes.

Os europeus já estavam habituados a chamar os habitantes de nossa terra de índios, porquanto, anos antes, Colombo acreditou ter chegado às Índias, mas tinha acabado de meter os pés do outro lado do mundo, na América. Enfim, erros e história à parte, o habitante de todo o continente recebeu a alcunha de índio. E assim ficou.

O dado interessante: na cultura indígena, não existe o equivalente à palavra medo. Índio não sabe o que significa esse estado de consciência que gera temor, receio, pânico, pavor.

Foram os europeus que trouxeram, com as caravelas, o tal sentimento. E ele se espalhou pelo continente, como vírus. O índio, que era livre, andava livre, leve e solto, correndo peladão, sem pudor, com rituais sagrados e modo de vida peculiar, habituado a caçar para se alimentar, de repente se viu cercado por um bando de gente que condenava a nudez, via pecado em tudo e, pior, criava no nativo esse sentimento ruim. O índio passou a sentir medo. Foi dominado, escravizado, enfraqueceu-se, adoeceu. Muitos morreram. E deu no que deu.

Atualmente, há poucas tribos em nosso país, tentando sobreviver em reservas indígenas, procurando uma maneira de se manter e se perpetuar. Segundo alguns antropólogos, uma ou outra tribo ainda tenta rebater o medo; ou, melhor ainda, ignorá-lo completamente.

Isso nos leva a perceber que, se há culturas nas quais o medo não é cultuado ou é ignorado, ele tem tudo a ver com o astral do ambiente, pois é fruto de uma crença, e estamos aqui falando de uma crença com uma força inacreditável.

Os pensamentos mais pesados, densos, negativos, bem ruinzinhos que a maioria das pessoas tem em comum geram formas-pensamento que ficam suspensas no ar, sobre a cidade que elas habitam e, obviamente, a totalidade delas é baseada no medo.

Tais pensamentos acabam por criar na atmosfera um astral que se funde entre a coloração cinza e marrom, sendo cinza quando estão menos densos e marrom quando a situação está bem carregada, aflitiva, tipo população em estado de pânico.

Qualquer ideia baseada no medo fica flutuando nessa camada astral. E, como se trata da primeira faixa de astral superior mais densa, é muito fácil ter contato com ela.

Onde quer que esteja, você pode captá-la: dentro de casa, no trânsito, no escritório, na sala de aula, na clínica de terapia, no dentista, no supermercado, no pet shop, na academia e, seguindo a conhecida canção, pode senti-la na rua, na chuva, na fazenda ou numa casinha de sapê. Em qualquer lugar.

É só ficar quieto, parado, sem fazer ou pensar em nada e, em poucos segundos, lá vem o medo de ser assaltado, sequestrado, ter o carro roubado, sensação de pânico, medo de morrer etc. É tudo forma-pensamento ligada a esse astral.

Tudo bem. Já deu para perceber de onde captá-la. Mas como se entra em contato? O que faz nós e você estarmos no mesmo ambiente e você entrar nessa faixa e nós não a atrairmos? Boa pergunta.

Qualquer dúvida, por menor que seja, baixa seu campo de gravitação energética [aura] e você imediatamente entra em contato com essa faixa.

Você, como ser que produz naturalmente energia, acaba por gerar um campo magnético que atrai e repele as formas-pensamento dessa dimensão, que de certa maneira são tão físicas como nosso mundo. A velocidade com que esse campo magnético trabalha é baseada na variação do número de pessoas que tem a mesma qualidade de seus pensamentos.

O medo já virou uma faixa de astral coletivo que é alimentada, dia após dia, por novas ideias. Todo dia as pessoas inventam novos medos, além dos comuns: medo de morrer, perder o emprego, ficar sozinho, algo não dar certo etc.

Para se ter uma ideia mais clara e didática do assunto, quando você pensa, seja no que for, imediatamente emite uma rajada, uma onda magnética que sai da sua cabeça e se espalha por aí. Você cria e emite uma espécie de pequena faísca elétrica toda vez que pensa.

Assim como ocorre com o seu pensamento, também ocorre com o meu, com o do Helton, do vizinho, das pessoas ao redor. É um arremesso constante de faíscas para cima, para baixo e para os lados. E, quanto mais aflitivos esses pensamentos, mais eles se concentram em uma determinada faixa. No caso, a do medo.

A faixa do medo é uma faixa com certas particularidades. Tem muita força. Encontra-se 70 metros acima do nível do mar e sua força se mantém por mais 150 metros Terra acima.

Daí você escuta: "Engraçado. Eu me sinto tão bem no mar!". Claro. A pessoa está no nível do mar, cercada de água salgada, que dificulta a conexão com esse astral de lodo, de perturbação. Segundo, a água salina é o grande filtro do planeta. Além do mais, você está na areia, onde está descarregando, naturalmente, energia para o centro da Terra. Ou seja, praia faz bem.

Mas, por que há tanta violência em uma cidade como o Rio de Janeiro, por exemplo, visto que praia faz tanto bem?

A praia, em si, faz bem. Contudo, o astral da cidade é fabricado, cheio de gente que emite e troca ideias constantemente. A cidade de São Paulo, entretanto, pela falta de praias, embora esteja apenas a sessenta quilômetros do mar, tem um astral bem mais carregado que o do Rio. É necessário sair da capital paulista, ir para a praia ou pegar uma rodovia em direção ao campo para, depois de cem quilômetros, começar a perceber certo alívio energético, uma melhora no ar.

Efeitos que esse astral produz

Há milhares de anos, somente os fortes é que sobreviviam no mundo. Houve uma evolução da humanidade e, por meio das mitologias grega e romana, o homem procurou entender alguns mistérios. Surgiram os deuses.

O segredo do medo foi muito bem utilizado, na sequência, com o surgimento das religiões. De certa forma, a religião impôs que o homem era fruto do pecado e devia ser temente a Deus. Nasceu a ideia de que algo maior, invisível, muito mais forte do que ele iria, a qualquer momento, puni-lo, porque não estaria sendo bom o suficiente.

Passamos pela Idade Média, surgiu a Inquisição, e o medo encontrou, nesse período, solo fértil para crescer e se fortalecer; depois de alguns séculos, tem força imensa para se retroalimentar com os pensamentos negativos e com a falta de gosto pela vida que a maioria das pessoas tem.

    Deixando o passado de lado e sintonizando nos dias atuais, a faixa do medo é transmitida, como dito anteriormente, desde os três anos de idade. A criança, em nossa sociedade, geralmente, é educada, ensinada a ter medo. É uma fase em que o papai do céu vai castigá-la, o bicho-papão ou o ogro vai aparecer e puxar os pezinhos da cama à noite, além dos dramas exagerados de "cuidado com isso", "pelo amor de Deus, não faça mais aquilo", "desse jeito, você mata a mamãe", e por aí vai.

    Desde a infância, começa a criar padrões associados ao medo e, consequentemente, liga-se com facilidade a essa faixa astral.

    Para se ter uma ideia clara, quando a pessoa acorda, automaticamente se liga ao astral do medo. Ela já acorda ansiosa, deprimida. Sente-se impotente, com medo de sair de casa, de pegar o carro, síndrome do pânico.

    O universo, por sua vez, trata de alimentar a pessoa com esse tipo de informação. Ela vê ou lê o jornal e se alimenta com notícias sobre mortes violentas, assaltos, roubos de carros, estupros, sequestros.

    O que acontece com ela? Dorme mal, acorda pesada, corpo moído, sente que tem um peso no ombro muito grande, tem dificuldade em começar algo, muito pensamento negativo mórbido [está no trânsito e de repente acha que vai morrer, ser assaltada, bater o carro; está namorando e acredita que está sendo traída, está comendo e acha que aquela comida vai lhe fazer mal ou está estragada, vai engordar, enfim, fica atormentada por pensamentos desse tipo]. Tudo é ligado ao medo de alguma coisa ou de alguém.

Por quê? Perante esses medos, psicologicamente, a pessoa não tem âncora de sustentação, quer dizer, não dá lógica para esse tipo de medo. Ora, pense: se você comer algo estragado, seu sistema fará você enjoar, passar mal, ir ao banheiro, produzirá febre e dali a dois dias estará ótimo, ou seja, terá um ataque de resposta mental imediato.

Se for assaltado, por exemplo, amanhã o universo o provê tudo de novo. Se há medo do futuro, poderá eliminá-lo ou combater a insegurança confiando nos seus potenciais, reinventando-se, refazendo-se; se é doença, fortalece seu sistema imunológico e por aí vai.

Isto posto, queremos dizer que, com coragem, você enfrenta tudo. É só ter um ataque de resposta mental prático, porém imediato, porque, quanto mais você aceitar as sugestões desse astral, mais difícil será sair, livrar-se dele.

Não tem a ver com você, mas com a forma de encarar as situações. E, quanto mais rebate de forma positiva, corajosa, menos essa faixa fica em você, até conseguir se livrar dela de uma vez por todas. É possível ficar afastado dessa faixa? Sim. Dá para ficar longe. Mas é necessário vigilância. Constante.

Você rebate as ideias de medo no automático. Como? Há um jeito de fazer isso. Você sai de casa e vem uma cena ruim. Tudo bem. Rebata: "Está tudo certo, eu me apoio". "Ah, bobagem. Tudo vai bem na minha vida". A chance de aquilo [ruim] acontecer é anulada.

Ao sentir muito medo, a vida faz você enfrentá-lo. Acordou, levantou e já vem o ajuntamento de pensamentos, dia carregado, tanta coisa, tem de fazer isso, pagar aquilo, resolver aquele negócio etc.

Já vai dizendo: "Não sei, vou ver. Primeiro vou ao banheiro. Abençoo quem inventou a privada. Olha que maravilha! Meu xixi vai direto daqui de casa para o rio".

Brinque, invente frases inusitadas, tudo o que faça você não ter contato com essa faixa, porque ela tenta pegá-lo assim que abre os olhos. Porque, ao acordar e jogar todo esse medo sobre você, o que vai acontecer? Vai despertar sem perceber já no automático, todo ansioso. A tendência desse astral é pegar você, como disse, logo que abre os olhos, boceja, toma consciência de que acordou.

Quando acorda, você ainda não é você, cem por cento, demora um pouco até se dar conta. Assim que essa faixa o envolve e lhe desperta medo, você salta da cama ansioso, com medo do que vai acontecer, de como terá de enfrentar o dia, se tudo vai dar certo. Assim, nesse estado ansioso, sua cabeça entra na condição automática de cobrá-lo por tudo.

Acorda, abre os olhos, levanta da cama e vai fazer a toalete. Já vem cobrança. A cabeça desperta já cobrando que vai ter de checar se tem mesmo requeijão na geladeira, se vai dar tempo de tomar banho ou não, se o trânsito está carregado e se vai atrasar para o trabalho, se está chovendo, assuntos pendentes, o presente de aniversário da amiga que tem de comprar, as contas para pagar, se vai à academia à noite ou não, à aula...

Imagine que essa faixa do medo seja como uma espécie de vírus na cabeça das pessoas; vai cobrar um método de realimentar-se, e a ansiedade é, sem dúvida, uma forma de realimentação.

Outra forma de ela se instalar, grudar em você, é por meio da tristeza, da depressão. O medo fabrica, de certo modo, muito depressivo. E, espiritualmente falando, cada depressivo carrega em torno de quarenta a cinquenta entidades à sua volta.

Ocorre que muita gente que morre fica por aqui mesmo, no planeta, vagando. Não quer saber de receber tratamento, ou, quando há a possibilidade, ao saber sobre a nova condição, em outra dimensão, entra em choque e quer voltar para continuar com as coisas ou se vingar, pedir perdão etc. Outros se sentem envergonhados, a maioria se sente vítima do mundo, injustiçada, e acaba sendo manipulada por seres do astral inferior.

Por que são manipuladas? Se ficam perambulando por justiça, vingança etc., de onde vem a manipulação?

A pessoa, ou o espírito, está tão perturbada, que se deixa levar na conversa. Vem um mais inteligente e diz que precisa que ela faça um serviço assim, assado. E, se ela recusar-se a fazer, a família dela, aqui, vai sofrer assédio, obsessão, vai adoecer a esposa, essas pérolas.

Veja só, se tem seita que cria data de fim do mundo e os seguidores se matam, quer dizer, tudo é possível, não? Para você ver o nível no qual estamos vivendo...

Pois bem. Aproximar você de pessoas negativas, reclamonas, descrentes da vida gera retroalimentação, porquanto cria uma máquina virtual dentro de você que precisa de energia para alimentar-se, manter-se. Desse modo, é imprescindível trazer essas pessoas para perto de você, deixá-lo e mantê-lo ansioso para a máquina virtual não parar de funcionar.

Quanto mais isso estiver em volta de você, mais difícil de dizer: "Cabeça, fique quieta. Faço o que quero, na hora que eu quiser".

De repente, chega um momento qualquer em que dá a louca e você resolve não fazer nada. E um dia lá na frente, quando a cabeça vier cobrá-lo novamente, lembre-se desse momento em que deu a louca e não fez nada. Defenda-se: "Cabeça, não enche meu saco".

Agindo assim, você bloqueia o fluxo de medo, de negatividade, advindo dessa faixa. Se permanecer desse jeito, com pensamentos firmes, positivos, rebatendo o medo, a sua "máquina virtual" deixa de funcionar e perde a conexão com a faixa astral. Você fica livre dessa zona. Adeus, medo.

Como esse astral se mantém

Além dos medos comuns, anteriormente citados, existem os medos gerados por filmes, noticiários, tragédias e, principalmente, não ter dinheiro, perdas financeiras, ficar sem nada. Uma pessoa alimenta a outra com ideias catastróficas, ruins sobre o amanhã. A outra aceita como verdadeira e repassa. E assim a faixa fermenta e cresce.

Há ambientes que são propícios para ajudar a alimentar a faixa: delegacias, hospitais, trânsito carregado, lugares com muita concentração de gente [estações de trem, de metrô lotadas] são alguns exemplos.

Causas físicas, sintomas e comportamentos que gera

De certa forma, esse astral chega a causar sintomas no seu corpo, mas nada que desperte emoção. Quem está ligado nesse astral apresenta problemas, como: rinite, sinusite, conjuntivite, gastrite, enjoo, dor de cabeça, alergias, micoses, problemas de pele em geral, azia, refluxo, cólica, diarreia, gases, incontinência urinária, ronco, apneia do sono, bruxismo, reumatismo, resfriados em geral.

Se for uma pessoa com medo demais da conta, poderá comprometer os pulmões, rins ou calcanhares. Porque essa é uma energia que, quando ligada ao seu corpo, concentra-se atrás dos pulmões, dos rins e dos calcanhares, como uma gosminha, uma geleia escurecida.

É o astral da poluição, facilmente transmissível. Você troca mensagens [pelo telefone ou outro dispositivo] com a pessoa e se conecta ao campo astral dela. Não há barreiras. Se a pessoa está muito ruim e você está bem, no quesito emocional, a pessoa fica melhor ou você cai um pouco.

Pode surgir uma pergunta: se estou muito bem e a pessoa não e eu me relaciono, namoro, estou casado com ela, como fica? Como neutralizar esse astral entre nós?

Bom, isso é o universo da pessoa, do ser amado, não é o seu. Eu tenho o que me basta, me elevo. É preciso trabalhar a sua impessoalidade na relação afetiva.

"O que é meu é meu. Só fico com meus pensamentos. Você fica com o que é seu."

Frases desse tipo o ajudam a evitar se envolver entre as faixas suas com a do outro.

A pessoa, num estado assim de medo, sente aperto no peito, agonia, a voz não sai direito, meio tremida, ou um fio de voz.

Quem está muito ligado a esse astral tem dificuldade para dormir; vontade de ficar sozinho; quer ficar longe da sociedade; evita contato com as pessoas; tem séria dificuldade em começar coisas, projetos; vê cor, mas tem dificuldade em reconhecer matizes.

Mão na massa! Como sair desse astral

Além das frases comentadas anteriormente, aqui vão dicas para você afirmar, declarar sempre que possível.

Logo ao acordar, por exemplo, declare: "Quanta coisa boa já fiz na vida, já conquistei". Vista "essa" pessoa que realizou muita coisa. Dê parabéns para você. Torne-se um pavão energético, sempre produzindo astral positivo sobre você e ao redor. Veja-se como um grande homem, uma grande mulher. Depois ande pela casa, irradie essa energia boa pelo ambiente, para o carro, a moto, a bicicleta, tudo que seja seu. Abençoe suas coisas.

Outra muito boa: fazer emanação de energia em casa, enquanto anda pelo ambiente, observando tudo o que tem em cada cômodo, cada detalhe, peça, coisas que você adquiriu, ganhou. Curta, aprecie as suas coisas. Sem moderação.

Argumentos que tiram a lógica de entrar, ou ficar, no mal:

"Medo é acreditar no mal." "99% das preocupações não aconteceram. Se tivessem acontecido, você não estaria mais aqui."

Pois é. O prazer de viver está aí: quanto mais reconhece esse prazer, mais valoriza o que tem, mais vem para você. Desfrute o que tem!

Experimente valer-se dessas frases, dessa nova maneira de olhar para sua casa, suas coisas, seus pertences, todos os dias. Conforme as pratica, você se fortalece, chegando a ponto de nada em você ou no ambiente ser afetado pelo exterior, porque você irá, constantemente, produzir energia positiva, mantendo um astral altamente positivo.

E, para quem insistir no medo, experimente, em uma noite bonita, de céu estrelado, olhar para a imensidão do universo. Perceba, sinta que você não está sozinho. Se der um passo adiante, muita ajuda invisível vai orientá-lo. Acredite, confie. Você pode vencer todos os seus medos e se transformar em uma pessoa melhor. Melhor para você. Confie!

Curiosidade

Por acaso, você escutou, alguma vez na vida, alguém falar sobre *coulrofobia*?[6] Parece palavrão. Palavra bizarra, nem consta em dicionário, mas muitos terapeutas, psicólogos tratam da, digamos, síndrome.

A fobia, se assim podemos afirmar, é comum nas crianças, embora também não seja difícil de ser encontrada em adolescentes ou marmanjões. Os atacados por esse mal, acreditam os especialistas, quando pequeninos, sofreram algum tipo de experiência para lá de ruim, indo para o campo do trauma, com palhaços, ou deram de cara com alguma imagem muito, mas muito bizarra na tevê ou em algum dispositivo. Um estudo realizado nos Estados Unidos, no começo desta década, revelou que muitas crianças têm medo das decorações de hospital cujo tema sejam, ora pois, palhaços!

Um indivíduo coulrofóbico ou, em português claro, alguém que tenha medo de palhaço afirma ter um trauma, fica transtornado só de ver ou imaginar o rostinho colorido do dito cujo.

O transtorno de ansiedade específico, que, por sua vez, alimenta a faixa do medo, foi encontrado em um grupo de adultos marmanjões, na faixa dos cinquenta anos, também nos Estados Unidos.

Acredita-se que talvez o grupo em questão tenha sido afetado por conta do romance de Stephen King que

---

6 - Robertson, John G. (2003). *An excess of phobias and manias*. Senior Scribe Publications. p. 62.

deu origem ao filme *A coisa*[7], aterrorizando uma boa parcela de adultos norte-americanos e causando um ataque de histeria em massa pelo medo de palhaços.

A cabeça só pensa aquilo que ela aprendeu. Por isso mesmo, eu não confio nela, eu sou mais eu.

Raul Seixas

11.2 Segundo astral superior
Faixa astral dos relacionamentos

O que é?

Também conhecida como faixa de ligação com encarnados e também com desencarnados, engloba áreas onde há grande concentração de pessoas, assim como aspectos específicos, como sexual, comercial, profissional etc.

É uma camada delicada porque é fácil de esconder ou jogar para debaixo do tapete. À medida que vamos vivendo, com o tempo, travamos relações com pessoas [mais e mais], seja na parte afetiva, ou familiares e amigos.

Tudo isso cria uma rede de ligação psicoastral com essas pessoas que nem sempre é muito vantajosa.

---

7 - Disponível em: <http://psicoativo.com/2015/12/coulrofobia-medo-de-palhacos-causas-sintomas-tratamentos.html>. Acesso em: 02 mar. 2017.

De cada pessoa com a qual você teve contato na vida fica a ligação energética, mesmo que ela já tenha morrido. Com as pessoas que você teve relacionamento afetivo, são as ligações que mais marcam, pois conviver com o outro é delicado, às vezes difícil, porque conviver com a gente mesmo já é difícil, imagine com outra pessoa. Daí que tem muita gente com medo de sofrer, de namorar de novo, de perder a liberdade, de se entregar.

Na medida em que esse medo esteja ali presente, criam-se bolas de energia que grudam em partes do corpo da pessoa, alterando seu metabolismo. Se ela não encarar essas questões emocionais que a machucam, ela não consegue se livrar dessa faixa energética.

Não precisa fazer sozinha. Há reiki, passe, terapia, acupuntura, florais, um monte de terapias, de ferramentas, que podem ajudar.

Efeitos que esse astral produz

A vida é muito inteligente para esperar. Fisicamente, leva-se menos que segundos para se criar essas bolas de energia. Então, podem-se eliminá-las, desfazê-las, em milésimos de segundos também.

Ao receber uma limpeza energética [passe, por exemplo] para livrar a pessoa dessa faixa de energia, em particular, há casos em que tem gente que perde gramas de peso físico.

É um astral intenso em tudo. Por exemplo, uma pessoa de muito sucesso, também é muito intenso tudo de ruim que vem para cima dela.

Como se trabalha, se faz para se manter num astral próspero, saudável, de oportunidades, ideias, armazenar conhecimento, soluções? Entrar em contato com a faixa de seres extraterrestres. E como nos conectar a essas faixas?

O objetivo deste livro é transformar vinte anos de terapia em quatro horas de leitura.

Imagine que você esteja carregado energeticamente em um determinado dia, com o astral bem pesado ao redor. O outro até sente esse peso quando chega perto de você. E a constante de velocidade desse astral, à sua volta, é variável.

Se tomar um passe, afasto de você essa energia densa e esse astral desacelera. Daqui a uma semana, volta, caso não mude sua postura, seu modo de encarar as coisas. Volta a acelerar e se aproximar de você, novamente.

Quando a pessoa está perturbada, do tipo que até derruba o ambiente quando chega, você pode criar um astral artificial para se defender.

O coração bate de forma variada, porquanto é movimentado por energia e faz com que crie um estado de emanação gravitacional. Se uma pessoa está perto de você com o coração batendo, a cinco metros de distância, você já capta o astral dela, entra fácil no astral da pessoa. Ela chega toda perturbada perto de você, estende-lhe a mão e... você pega toda a carga ruim dela.

Claro, se você já estiver "armado", não terá problema algum. É só manter a postura: "O que é meu é meu; o que é da pessoa é dela". Isso ajuda bastante.

Esse tipo de faixa trabalha no entrave de muita coisa, dificultando bastante a vida do indivíduo.

Para se ter uma ideia, a título de exemplo e comparação, a faixa do medo é densa e cem avenidas levam você até ela, ou seja, pode pegar qualquer estrada, quando estiver nesta faixa, que vai desembocar no medo.

Já esta faixa da qual estamos tratando, dos relacionamentos, cada uma das cem avenidas chega a um astral de encarnado ou desencarnado distinto. É muita coisa diferente para lidar ao mesmo tempo no mesmo astral: parte afetiva, gente doente, família, filhos, relações comerciais, chefes, empregados, negócios, ambiente, almas perdidas etc.

Como esse astral se mantém

Às vezes você gosta tanto de alguém que, por conta de um desentendimento ou fim de relacionamento, a tristeza ou até mesmo a devastação que o rompimento causa em sua vida é tão grande que você perde pedações da sua alma e, por consequência, carisma, talentos, oportunidades etc.

Há pessoas que perdem tudo na vida por conta de relacionamentos desestabilizados. E, quanto mais conflituosos ou dramáticos os relacionamentos, maior a quantidade de energia que se desprende para alimentar esse astral.

Além de relacionamentos, esse astral também se mantém por meio de apego da pessoa a objetos. Se há alguma ligação muito forte, entre você e algo material, além de o objeto ficar impregnado com sua energia, também enfraquece sua rede de relacionamentos.

Simples de explicar. Quanto mais você é apegado às coisas materiais, mais concentração de energia você dispõe para o material, sobrando menos para as ligações com as pessoas. Segundo o plano espiritual, você tem condições de ter, ao longo da vida, duas ligações afetivas fortes, uma ligação de amizade também forte e somente uma ligação íntima igualmente forte, intensa.

Caso tenha uma ligação profunda com algum bem material, por exemplo, seja louco pelo seu carro último tipo, tal objeto já ocupará um dos espaços que poderia ter com alguém.

Detalhe. Mesmo que tenha poucas relações intensas, todo cuidado é pouco. Se for muito apegado ao outro, com o tempo, poderá adquirir os comportamentos do outro e também sentir as "faixas" astrais do outro.

Além do mais, esse astral precisa da força da pessoa para se manter. Quando ela morre, esse astral, que se fazia ao redor dela, se desfaz.

Uma pessoa que afirma: "Não pego nada, estou na minha", na verdade está dominando a situação. É o tipo de pessoa que sempre joga pergunta para dominar o outro.

Esse astral é múltiplo porque pode ligar-se um no outro. Alguém chega perto de você e o astral dele se liga ao seu.

Ele também se vale de ralos energéticos da primeira faixa astral para captar o que quiser. "Fui à loja e, de repente, me senti mal".

Não podemos deixar de comentar sobre a vida afetiva, pois ela gera muita coisa; na expectativa de agradar a pessoa, os dois [você e a pessoa amada] compartilham o mesmo astral. No começo até que é bom. O astral é interessante nessa primeira fase de namoro. Ficam bem, felizes, o tempo não existe, cria-se, portanto, um astral nutritivo para os dois. A sensação é muito boa, causa um bem enorme. Todo mundo, como se diz, sai ganhando.

Por isso, fazer algo de que você gosta muito causa uma das melhores sensações na vida.

Bom, quando você perde isso, ou seja, quando termina o namoro, casamento, rolo, caso, o nome que queira dar ao relacionamento amoroso que tinha, geralmente o sentimento se transforma em revolta. Você cria trauma, desilusão e vira medo. Esse medo, dependendo da intensidade com que você o imprime em seu corpo, pode se manifestar desde uma simples gripe até chegar a um tumor.

É um trauma tão grande, mas tão grande, que precisa de um grande trabalho para desenvolver e despertar o amor por si. Tudo o que é criado nesse astral não pode ser desfeito na hora. Existe um tempo de maturação. A conexão demora um tempo para sair. Não há jeito de se fazer uma limpeza imediata porque afetou o corpo inteiro. A pessoa perdeu o chão, está magoada, botou tanta expectativa que agora está bem machucada.

A bolinha de energia, em volta dela, vai fermentando. Mas ela resolve fazer terapia, um curso, entende que não é vítima, mas autora. Ou então, conhece outro e para de pensar no anterior. Essa bolinha, esse astral, para de crescer, mas fica ali. E, quando pegar algo negativo dessa nova pessoa, carrega mais a bolinha de energia.

"Agradeço muito esse cara ter passado pela minha vida. Obrigado."

Sempre que possível, repita a frase e faça exercícios de limpeza, de perdão às pessoas com as quais manteve relacionamentos afetivos.

Parente doente. Quer ajudar, mas está com dó. Não faça nada, por favor. Vai desperdiçar energia e piorar o estado da pessoa. E o seu! Melhor mandar luz para ela, sem dó, sem dramatizar, sem entrar na faixa astral dela. Ao contrário, trate o doente como se fosse uma pessoa sadia.

Nada de "tadinha". Confiar em Deus, apenas, não resolve.

Pessoa pública. Saber separá-la do artista ou da personalidade pública, famosa que ela é, da personagem que exerce. As pessoas, quando veem destaque, querem se manter ligadas, ficam apaixonadas.

Precisa criar nessa pessoa pública uma personalidade artificial. Sente-se, calmamente. E crie uma personalidade artificial; imagine um "você mesmo" na sua frente para receber todas as cargas energéticas do mundo no seu lugar. Vá praticando isso até tornar-se automático em você.

Vai pegar dardo energético de graça? Crie esse clone energético para não pegar, ora. Médium quando vai fazer triagem, entrevista, palestra, precisa fazer isso.

Comercial. O mesmo pode ser feito nesta área. Vai vender um produto, uma casa, fechar um negócio com um fornecedor ou cliente? Crie também esse clone.

Hospitais e casas de saúde. Qualquer lugar onde haja gente doente, até na sua casa, se estiver cuidando de uma pessoa doente, emana uma energia pesada. Em hospital, é mais complicado porque espera-se que muitos dos pacientes vão morrer e é praxe haver energia astral de desencarnado perambulando pelo ambiente, somada à aflição de parentes que também deixam suas energias ruins ali.

A saúde da pessoa depende de seu magnetismo astral. Ao morrer, leva de três a seis meses para que todo seu magnetismo se desvaneça. Quando ela está muito doente, seu magnetismo diminui, se retrai. Ela não consegue trocar energia com o exterior, é como se a energia dela ficasse parada, começasse a apodrecer.

É preciso a troca constante de energia entre as pessoas, pois, se tudo o que passa pela sua cabeça se materializasse, você não estaria mais aqui. Passa por você e vai embora. Outras ideias entram, outras se afastam, outras surgem, e assim há um fluxo constante de idas e vindas, de trocas.

Às vezes você mesmo está carregado, chega alguém, começa a conversar com você, e em cinco minutos você está bem. A outra absorveu toda a sua carga. Justo ou não, há troca. No caso de uma pessoa muito doente, isso não existe.

Neutro. Ao sair desse astral, a pessoa fica no que chamamos de neutro. É mais volátil, menos densa, mais energética, com ondas mais rápidas. A pessoa, com limpeza energética e exercícios de domínio, consegue criar anticorpos energéticos mais difíceis de mantê-la presa às faixas astrais.

Você vai tirar mágoas do ex-amor para quê? Para ficar mais tarimbado para o próximo que vier, mais esperto. Num próximo eventual rompimento, com certeza, não vai mais sofrer tanto.

Você toma passe e ascende para o astral neutro. Mas, dali a pouco, chega a sua casa, discute com o benhê e volta tudo.

Todo dia, mas todo dia mesmo, se você se colocar no bem, descola essa faixa de você. Leva uns meses, mas descola. De repente vem uma situação, você derrapa. Leva mais uns dias e retoma. O negócio é fazer isso todo santo dia, como se toma banho ou escova os dentes.

Causas físicas, sintomas e comportamentos que gera

Como está ligado às emoções, causa depressão, ansiedade, angústia, falta de ar, crises de pânico. A pessoa se doou tanto que se esqueceu de fazer por si. A opinião dos outros se torna um punhal afiado em suas costas. Está sempre a sofrer com qualquer comentário que façam a seu respeito.

É o tipo de pessoa que precisa urgentemente esquecer os outros, voltar para si e colocar-se, urgentemente, em primeiro lugar.

Mão na massa! Como sair desse astral

Sente-se confortavelmente em algum lugar. Pode ser poltrona, cadeira, na sua cama. Não importa onde, desde que você se sinta bem, confortável. Coloque uma musiquinha. Relaxe. E procure se desconectar das coisas do mundo, por ora.

Repita: "Eu, eu, eu". Vá repetindo até despertar na sua alma, virar esse "eu" no seu corpo. Assim que perceber tal sensação, pergunte: "Com quem estou ligado no astral?".

Conforme dá espaço, aparece um ou vários rostos. Deixe chegar, surgir à sua frente. Cada um que aparece você diz: "O que é seu é seu, o que é meu é meu. Eu fico só com o que é meu, e você fica com o que é seu".

Procure ficar quieto, respire algumas vezes. Solte o ar de boa. Mantenha os olhos fechados, imagine-se caminhando em algum lugar de que goste muito, como praia ou campo, mas um lugar onde esteja sozinho, sentindo-se bem, livre, leve, com uma sensação de bem-estar para poder se curar das ligações negativas.

Psicologicamente, não dê ouvidos, não ligue para as críticas dos outros; desenvolva, tenha seu próprio senso de qualidade. Quando possível, viaje para bem longe da cidade, a fim de recarregar as baterias.

Mas... Você pode pensar... "Eu gosto tanto da minha companheira. Ela não é ligada nesses assuntos espirituais e eu gostaria de fazer vibrações por ela. Tudo bem?".

Claro. Pode, desde que não se envolva nos "problemas" dela. Não precisa entrar no mundo dela e sentir as dores dela para ajudá-la. Já falamos sobre isso. Então, vamos lá.

Feche os olhos. Concentre-se no sol. Pegue energia dele. Jamais a sua, ok? Não molde jamais o outro de acordo com seu ego. Apanhe energia do sol, sinta essa energia nas mãos, mentalize a pessoa, de preferência sorrindo e envie a energia que acabou de captar para a pessoa. Assim, irá enviar uma boa vibração, bem positiva e nutritiva para alguém de quem gosta muito.

Pode fazer isso com quem quiser e com quantas pessoas quiser. Doar energia, de forma despretensiosa, é uma das melhores maneiras de causar bem-estar àqueles que amamos. E garantimos que o outro, mesmo sem saber que você lhe está enviando essa dose de carinho, sente que está recebendo uma "coisa boa", sentindo um negócio gostoso que não sabe explicar. Mas fica bem. É o que importa.

Curiosidade

Imagine a cena. Um amigo liga e o convida para jantarem juntos. Faz certo tempo que não se veem e você fica muito contente com o convite. Afinal de contas, esse amigo é uma pessoa bem-humorada, companhia agradável. E vocês iriam também aproveitar o encontro para matar saudades e colocar a conversa em dia.

Ao sair de casa, seu amigo liga e desmarca o jantar. De uma hora para outra, ele sentiu dor de cabeça, mal-estar, dor esquisita pelo corpo, cansaço...

Não se trata de um caso incomum. Você já deve ter passado por situação parecida ou até tido essas sensações no seu corpo de uma hora para outra, do nada, tomado por um desconforto, sem motivo aparente.

Já ocorreu, provavelmente, de você estar bem-disposto e, em uma questão de horas ou até minutos, ter surgido uma alteração súbita de humor, ter se irritado com facilidade ou, como se diz no popular, acabou ficando "de bode"? E quanto àquela "coisa" esquisita no quarto, como se fosse uma presença, sendo que você estava lá, sozinho?

Você já se deu conta de que é uma pessoa sensível?

Tudo bem. Pode ser que alguém tenha lhe emprestado o livro e não tenha ligação nenhuma com a espiritualidade. Você pode ficar intrigado e até pensar: "Esse negócio de sensível, de sensibilidade, não seria uma característica de médium, de fenômenos espíritas, de centro espírita?". De forma alguma.

Claro que, para entender melhor todo esse processo, o estudo dos fenômenos é essencial. Um bom trabalho de limpeza energética, passes, desobsessão também ajudam.

No entanto, atualmente, o que importa, em um tratamento espiritual, é deixar a pessoa bem-disposta e ensiná-la que tudo o que acontece em sua vida é responsabilidade dela e não culpa dos espíritos. Entendeu?

Sua dúvida não incomoda minha certeza.

Cachoeira

11.3 Terceiro astral superior
Faixa astral do comodismo

O que é

Esse astral está ligado à sociedade, no que diz respeito ao aspecto da estabilidade, ou seja, segurança. O indivíduo deseja ter emprego, saúde, casa, família, carro, não necessariamente nessa ordem.

Ele quer trabalhar quarenta anos na mesma empresa, ter uma vida calma, pagar a escola dos filhos, aposentar-se com dignidade e terminar seus dias na casa de praia ou de campo, ao lado da esposa e, de preferência, sem doença. O roteiro já é predeterminado desde o nascimento, estimulado pela própria sociedade, atestado pelos pais.

Se algo faz com que o roteiro mude, como diferentes escolhas, se você não for forte o suficiente para bancar o caminho diferente que traçou, será tragado por outros astrais, como o do medo ou o dos relacionamentos.

É um astral na base da densidade, que puxa do astral de baixo, dos relacionamentos, por reforço. Também pode puxar por obsessão, toxinas astrais (vai trabalhar e acorda com dor de barriga) ou por medo (ataques de pânico).

Você orbita e faz também a sua versão do astral absorvendo correntes de energia, pois pensa e automaticamente cria.

Mas, quando acordo, se faço mentalização positiva, abençoo meu dia etc., não crio um astral bom e evito correntes energéticas ruins?

Você gera um astral que diminui a velocidade dos outros astrais. Porque ficar bem é você ser honesto consigo mesmo. Cutuca a ferida antes de pegar quinze gatos para criar. Precisa ir fundo nas suas questões emocionais.

"Ah, mas ouvi que precisamos estar bem para atrair coisas boas".

Certo. Mas o que é estar bem?

Vamos a um exemplo prático. E tomamos a liberdade de usar como exemplo um dos nossos autores. O Marcelo Cezar está bem quando? Quando está lançando livro em noite de autógrafos ou quando está discutindo com algum fornecedor na editora em que trabalha, exigindo qualidade no serviço, cheio de sangue no olho?

Você vai me dizer que é quando está lançando livro, mas afirmamos que não. Estará ele mais perto da alma quando estiver com sangue no olho, colocando ali toda a sua força. Por quê? Porque na noite de autógrafos estará ligado ao ego. No segundo caso, parecerá mais "gente" do que outra coisa, ou seja, será mais humano, mais comum, mais natural.

A pessoa tem ideia de que precisa estar satisfeita, mas nunca estaremos. O dia em que estiver satisfeito, prepare-se para comprar seu caixão.

Quando a pessoa questiona algum valor da vida dela, pode estar mais perto de ver a energia, perceber o que exala.

Fique bem para exalar o bem. Ficar bem? Estar bem é estar próximo de sua verdade espiritual. E, às vezes, para isso, a vida tira tudo da pessoa [filho, dinheiro, marido, família, saúde], apenas para ela ficar próximo da sua verdade espiritual.

Precisa despertar a pessoa para questionar, refletir. Já é uma boa coisa. Há um valor tradicional de que tudo está ruim, em crise. Tem de mudar os valores das pessoas, acabar com a inversão de valores (o pobre ser admirado e o empresário ser desdenhado).

Efeitos que esse astral produz

A pessoa fica no astral do comodismo, produz menos, entra no que conhecemos como procrastinação, ou seja, deixa para depois. Entra na faixa de pensamento de querer se aposentar logo e ir viver na Praia Grande pelo resto da vida.

Ela tem consciência disso e tem duas alternativas: assume a vagabundagem ou vai para a frente correndo com as coisas.

Mas na faixa do medo a pessoa também produz menos, certo? Não. No medo, a pessoa paralisa, puxa o freio de mão. A pessoa entende o medo como aliado, não como perigo. Tipo: "Não ganho muito porque, se ganhar bem mais, poderei ser sequestrado, ter um carro melhor e ser roubado, então, melhor viver assim, com pouco".

É extremamente difícil conseguir tirar uma pessoa do medo, muito mais do que da faixa do comodismo. Porque é o medo do que vai acontecer, só vou tomar atitude quando... paralisa, para a vida e abre a porta para um bicho astral qualquer sugar-lhe as energias vitais.

Como esse astral se mantém

O universo é tão abundante e inteligente, sabe que as pessoas não vão utilizá-lo por inteiro e precisa jogar parte do que produz fora. E tem gente que acredita em pobreza. E, se quer saber, o comodismo gera mesquinhez. É um astral escuro que o leva para as trevas.

Por isso, uma pessoa, com uma palavra boa, pode puxar uma multidão para cima.

É mais importante um pesquisador, um gênio, que vai inspirar dois terços do planeta do que uma pessoa santificada.

A pessoa fica presa e o que produz de energia é sugado e devolvido. No astral do medo, ele é transmissível. Medo é transmissível. Não tem camisinha que segure. Encosto também.

Tem alguém enchendo você, pegando demais no seu pé? Chama o encosto. Pode chegar perto.

No entanto, o astral do comodismo se mantém na medida em que bloqueia as qualidades da alma do indivíduo. Ele faz com que você deixe de sentir prazer, de amar, de contemplar e precisa que você se mantenha no estado de procrastinação existencial, ou seja, sempre adie tudo o que tenha realmente vontade de fazer.

Quero fazer dieta. Semana que vem começo. Gostaria de viajar para tal lugar. Quem sabe, ano que vem. Vou começar aquele curso de dança com que tanto sonhei. Talvez no mês que vem. O curso de gastronomia que estava louco para começar. Talvez no outro ano...

É um astral que se alimenta e se mantém de "talvez", "quem sabe", "pode ser". Ele se baseia em deixar para depois, dúvidas, inseguranças, desculpas esfarrapadas que surgem de última hora a fim de impedi-lo de realizar o que a alma adoraria fazer.

O curso de gastronomia era tudo o que você mais queria. Agora tem dinheiro e tempo para fazê-lo, mas... todo mundo agora faz gastronomia, não se ganha tanto dinheiro com isso, o curso é longe, tem trânsito etc. Você não pensa, um minuto que seja, na realização, no prazer, na vontade da alma. Vai pela cabeça. E fica no comodismo.

Causas físicas, sintomas e comportamentos que gera

Quem se afunda demais nessa camada enfrenta doenças com as quais dificilmente consegue lidar, como doença terminal, autoimune, câncer. São doenças barra-pesada, sempre difícil de serem curadas.

Mão na massa! Como sair desse astral

O melhor é fazer tudo ao contrário do que a cabeça quer, com bom senso, obviamente. Não pode deixar a cabeça guiar você, como se ela fosse um general.

É preciso estar sempre atento e se perguntar: "Será que me acomodei no trabalho? No meu relacionamento? Na minha vida? Tenho alguma ambição sadia ou não tenho ambição alguma? Será que vou terminar de ler este livro? Por que não emagreço? Por que sempre o mesmo trajeto para o trabalho todo dia?".

São perguntas assim que fazem você começar a ter consciência de que pode estar preso e de que também pode sair dessa zona de conforto, para o bem de sua saúde mental e espiritual.

Curiosidade

Você já se deu conta de que a sensibilidade é uma característica do ser humano, não tem a ver com religião, com doutrina, nada disso. Tanto eu, como você, sua mãe, seu marido, filho, primo, sogra, vizinho, enfim, todas as pessoas neste mundo têm.

Se você colocar o dedo na tomada elétrica, vai tomar choque. Caso coloque a mão sobre o fogo, vai sentir o calor ou se queimar. Nosso corpo é extremamente sensível, tanto para os elementos visíveis como para os invisíveis.

Pensando de acordo com tal linha de raciocínio, de que todos nós somos sensíveis, todos nós somos médiuns. Como todas as pessoas neste planeta têm sensibilidade, todos nós, em um grau maior ou menor, temos mediunidade.

No entanto, não há necessidade de desenvolver a mediunidade, embora haja uma forte crença, principalmente em nosso país, de que a mediunidade precisa ser desenvolvida ou educada, caso contrário o médium ficará em desequilíbrio.

Não é verdade. Por muitos anos acreditou-se nisso. Há de se dar crédito, obviamente, aos espíritas, porquanto eles foram os primeiros a se dedicar com seriedade ao estudo da mediunidade, ou sensibilidade extrafísica.

A partir da década de 1970, o tema passou a ser estudado e investigado também por cientistas em institutos de pesquisa e universidades espalhadas pelo mundo e, portanto, deixou de ser uma atividade apenas observada pelo espiritismo.

Há outro dado curioso. A magia, assim como os conhecimentos xamânicos, está caindo em desuso. Em pleno século XXI, se um grande laboratório farmacêutico chegou a um nível apuradíssimo de sofisticação na elaboração de determinado medicamento para tratar e curar uma doença, pode, então, o remédio ser mais eficaz ou melhor que um punhado de ervas.

Diante disso, curandeiros e espíritos de médicos que realizam cirurgias por meio de médiuns estão sumindo e talvez até desapareçam nas próximas décadas.

O trabalho do médium nos dias de hoje é, portanto, transmitir conhecimento e estudar muito, dedicar-se bastante ao conhecimento espiritual. Acomodar-se, jamais. Nada de comodismo!

Você nunca saberá o que é suficiente até saber o que é mais do que suficiente.

William Blake

11.4 Primeiro astral inferior
Faixa astral das sujeiras astrais

O que é

Também conhecido por astral das larvas astrais, miasmas, bactérias, fungos e vírus astrais. É um astral molecular, celular, num nível subatômico com massa e submassa. São massas, nuvens, estruturas ameboides. Do mesmo modo que existe universo de micróbios, vírus e bactérias, também existe o mesmo universo na representação espiritual.

Teria, por conta disso, espírito? Não. Mas é um universo controlado pela vontade de espíritos. São cientistas do astral que criam e controlam substâncias para disseminá-las no mundo físico, causando pânico em populações.

Muitas vezes fazem experimentos, colocam bactérias aqui no mundo para ver como elas se desenvolvem. Daí notarmos, nos últimos anos, novos vírus, novas bactérias, doenças que atacam o coletivo. Ultimamente, é muito difícil notar uma pessoa que não tenha tido uma gripe ou não tenha sofrido algum tipo de alergia.

Como esses cientistas conseguem disseminar esse tipo de toxina astral? É um astral que gera sentimento. Os sentimentos dão acesso a outras fendas astrais. A primeira reação que causa na pessoa é irritação. Do mesmo modo, também é despertada pelo ego, medo, desconfiança do futuro.

Efeitos que esse astral produz

Deixa a pessoa irritada, com sensação de moleza, cansaço, ataca muito o sistema imunológico, porque está sempre provocando estresse, faz a pessoa estar em atenção constante com o negativo; leva dias para que ela volte a normalizar e voltar aos eixos.

Como esse astral se mantém

Ele se mantém porque fica ligado à camada do medo. Exemplo: os idosos vão correndo tomar vacina da gripe, com medo de morrer. Aliás, é o astral que se sustenta justamente porque as pessoas têm medo de morrer. Como todo mundo tem a força da vida dentro de si, o medo de morrer torna-se algo inerente.

Como assim? Se você quiser morrer agora, não consegue. Não dá para afirmar: "Quero morrer". Não morre. Precisa algo acontecer. Você dorme porque o sono vem. Não dá para você escolher não dormir.

Por conta disso, a vida quer que você usufrua aqui e agora, saiba escolher o que é bom e ruim só para você. Ela quer que você perceba que, se estiver preso nas três camadas, não está vivendo, não tem vida.

Causas físicas, sintomas e comportamentos que gera

Todo mundo já teve contato com ele, cedo ou tarde. Tosse, irritação nos olhos, garganta raspando ou inflamada, irritação em partes gerais do corpo, erupções na pele, viscosidade do sangue. É um tipo de astral que pega pelo intestino, gerando depressão, tristeza, rancor, ódio, e altera a maneira como a pessoa classifica os acontecimentos em sua vida, mudando bastante suas atitudes.

Trata-se da primeira camada inferior, por assim dizer, porque são larvas astrais que trabalham em conjunto com as bactérias do mundo. É muito fácil de ser identificada porque a pessoa que está dentro dessa faixa está constantemente irritada, com raiva.

O primeiro astral superior, do medo, pode ser facilmente identificado porque coloca um peso, uma pressão sobre você. Já esse astral, ao contrário, retira vitaminas do seu corpo, efeitos de medicações, de remédios, tirando ânimo, motivação, causando disfunções no organismo.

Pessoas ligadas nesse astral percebem sensível piora nos sintomas à noite. Por exemplo, uma tosse, um resfriado, problemas intestinais, tudo fica mais intenso durante o período noturno, piora, dificulta o sono, o antibiótico não faz efeito etc.

Mão na massa! Como sair desse astral

Autopasse. Fique em pé. Erga as mãos. Capte energias do sol. Quando sentir os dedos a formigar ou pesados, passe pelo corpo enquanto declara: "Eu retiro tudo o que não é meu". Repita três vezes, fazendo isso do pescoço para baixo.

Em seguida, pegue novamente energia do sol e coloque as mãos na cabeça, entre as orelhas, e diga: "Eu quero purificar todos os meus pensamentos, cortar toda ligação negativa e me conectar com o astral das ideias boas, de amor, de alegria, de saúde e de paz".

Outra dica. Água solarizada. Como purificar eletromagneticamente a água de beber. Você absorve energia eletromagnética do ambiente de maneira muito rápida, conforme vimos mais detalhadamente explanado no capítulo 2. Um copo de água pura pode realizar milagres no seu organismo, porém precisa ser pura.

Mas compro água da marca tal, que vem da fonte x, maravilhosa etc. Não adianta. Porque a água foi retirada da fonte, depois envasada, passou por mãos, entrou em contato com plástico, com outros elementos para que estivesse ali na gôndola do supermercado à sua espera. Ela não está mais tão "pura" assim.

Dessa forma, há a necessidade de purificá-la. E vai aqui um simples passo a passo.

Você pega um copo com água, na medida que quiser. Depois se concentra. Pode fechar os olhos, se preferir, e ergue tranquilamente a mão para cima. De preferência, que a mão esteja levantada em um campo aberto, para o céu. Se mora em apartamento, vá para uma janela e coloque a mão para fora.

Mas é de noite. Está nublado. Não tem problema. Por isso, você se concentra, fecha os olhos e imagina que está captando a energia do sol. Uns chamam de energia, outros de luz, prana etc. Não importa o nome. Pegue a irradiação dele e pronto. Por quinze segundos no máximo.

"Ah, tenho dificuldade em levantar a mão, ou as mãos". Não tem problema também. Faça com um dos pés. O importante é você captar a luz do sol com uma das extremidades do seu corpo e depois transferir essa energia sobre o copo com água. E, na sequência, pede a purificação dos elementos da água naquele copo.

Repita a operação, ou seja, pegue a luz do sol de novo, por quinze segundos, e depois coloque sobre o copo, pedindo que a água sirva de remédio astral. Em seguida tome a água. Pode fazer uma ou duas vezes por dia.

Esse astral tem um tempo de incubação grande. Daí, dependendo do caso, a pessoa precisa de remédio para sair dele.

Terceira dica. Crie o futuro próximo a partir da visualização. Porque a cabeça não sabe diferenciar o real do imaginário. Portanto...

Última dica. Banho de sal grosso ajuda a diminuir seus efeitos deletérios sobre o corpo. E como tomar banho? Do pescoço para baixo? Do peito? Só as extremidades? Olha, pode lavar o corpo todo, só não coloque a língua para fora, certo?

Curiosidade

Seria bizarro afirmar que a água, um componente inodoro, transparente, possa, digamos, "sentir", ou reagir a sentimentos. Pensando nisso, o professor japonês Massaru Emoto fez uma experiência com garrafas de água.

Ele escreveu, num primeiro momento, palavras, positivas e negativas, e as colou como rótulos nas garrafas. Em seguida, pedia aos alunos que passassem em fila pelas garrafas e pronunciassem, de forma firme, o nome no rótulo. Amor, ódio, tristeza, paixão, ternura, raiva, amizade, paz.

Durante uma semana, por alguns minutos, seus alunos afirmavam cada palavra em frente à garrafa correspondente. Trinta dias depois, abertas as garrafas, o resultado foi surpreendente. As garrafas em que as palavras escritas e proferidas foram positivas, a água se mostrava clara, cristalina. Nas que havia palavras negativas, a água estava viscosa e, algumas outras garrafas, chegou a apresentar coloração escurecida. Incrível, não?

A experiência surpreendeu cientistas e foi, há alguns anos, parte do documentário *Quem somos nós [What the bleep do we know?]*, disponível, para quem estiver interessado, no YouTube.

Sendo uma sociedade a resultante das forças individuais, boas ou não, para se melhorar a forma dessa sociedade, é preciso agir primeiro sobre a inteligência e consciência dos indivíduos.

Léon Denis

11.5
Segundo astral inferior
Faixa astral de drenagem energética

O que é

A segunda camada do astral inferior é a drenagem energética por meio de entidades, também conhecida na doutrina espírita como obsessão espiritual. Desde os primórdios da humanidade, sofremos obsessão. No início, alguns exemplares de seres foram deixados aqui no planeta para reprodução, daí o surgimento das raças e línguas tão diferentes.

Antes, porém, estavam a fazer experiências com bichos de vários tamanhos e espécies. Para que esses novos habitantes aqui viessem, foi preciso que o planeta passasse por uma era glacial, enfrentasse a força de vulcões etc.

E assim foi. De salto em salto, passamos pelas primeiras civilizações. Sumérios, fenícios, egípcios, aborígenes, maias, incas, índios, esquimós, cada qual trazendo a cultura de seu mundo de origem. Por exemplo, os chineses e os dragões, os egípcios e as pirâmides, os maias e seus templos.

Ao longo do tempo, outros seres, mais inteligentes ou com maior sensibilidade, foram sendo trazidos para cá. Reis, imperadores, sacerdotes, artistas, escritores; uns deram certo, outros não. A própria história nos mostra um panorama dos últimos dois mil anos, gente que fez muito pela humanidade, que matou bastante também e assim continuamos seguindo nossa linha de evolução.

À medida que as pessoas morriam, muitas ficavam vagando pelo mundo. Nesse tempo, também, formaram-se as cidades astrais e, paralelamente, o grupo dos cinzentos. Como assim?

Segundo as orientações que recebemos ao escrever este livro, o umbral não é mais aquele pedaço de astral inferior tão disseminado, como os livros sempre mostraram ao longo de tantos anos, principalmente os espíritas.

O tempo passou, os lugares mudaram, foram reorganizados, reestruturados, e esse local também sofreu grandes mudanças, alterações. Atualmente, uma grande parte do umbral foi transferida para outras regiões distantes do nosso planeta. Próximo à Terra, alguns lugares, antes considerados ou tachados como "inferiores", por assim dizer, foram transformados em centros de reabilitação, de acordo com a necessidade do desencarnado.

Alguns grupos, poucos, reuniram-se e formaram o que se conhece como grupo dos cinzentos. Há denominações também para grupo de trevosos e afins. São indivíduos que trabalham com o único objetivo de promover o desequilíbrio e o caos no planeta.

As pessoas, ao perceber que morriam e continuavam conscientes, preferiam continuar presas ao mundo. Pois bem. Quando o indivíduo, ou espírito, encontra-se no estado de alma vagante, por assim dizer, sente as necessidades básicas, sejam elas fome, sede, frio, calor; não tem corpo físico, mas sente, tem as sensações.

Eles tentam interferir na sua vida, saúde e também nos seus relacionamentos. Os motivos são vários: raiva, vingança, oportunidade. Utilizam-se desses motivos para retirar sua energia vital.

Muitos não têm ideia para onde ir. O fato de os parentes não enxergá-lo acaba por lhe criar revolta. Por exemplo, como seria ver a esposa deitar-se com outro? Como lidar com a partilha de todos os bens construídos ao longo de uma vida inteira, cheia de lutas e sacrifícios, que de uma hora para outra vão para as mãos de filhos ou parentes com os quais não tinha a menor afinidade?

Outros, assustados com o novo estado em que se encontram, preferem encostar-se em alguém para aliviar a sua angústia, a sua dor.

Com o passar dos séculos, percebeu-se a necessidade de organizar-se a parte espiritual. Cada povo passou a criar seu ponto de segurança espiritual. E o povo cinza, à sua maneira, também tomou providências no mesmo sentido.

O indivíduo, no planeta, passou a ser assediado por forças visíveis e invisíveis, bem distintas. Uma lhe afirmava que, para viver bem no planeta, precisa ser assim, assado, agir dessa e daquela forma. Outra força vem e intui que, se morrer, poderá lhe acontecer isso ou aquilo.

Para que essas forças não pudessem e não possam tirar você deste mundo, foi necessário que se criasse uma espécie de casca energética ao seu redor. Caso contrário, você seria facilmente levado para qualquer lugar. É como um balão de gás hélio;

se você soltá-lo, ele tende a ir para a direção do mar, por conta da baixa pressão atmosférica.

As entidades tentam puxar você para as faixas astrais que mais lhe aprazem e é por isso que há necessidade de você adquirir essa densidade energética para permanecer aqui.

No caso dessa casca energética, ela é mantida por um fiozinho, conhecido como cordão de prata na doutrina espírita, que garante a ligação de sua consciência com seu corpo, fazendo sua consciência e seu corpo ser vida, estar vivo. É uma das maiores forças que há.

Dependendo da condição em que a pessoa estiver, esse fiozinho dá uma desencapada. Está conectado na nuca e desce pela coluna vertebral. Mesmo que morra e volte a viver, após uma parada cardiorrespiratória, ele está ali, funcionando, pois, quando uma pessoa morre, de fato, leva de seis a doze horas para se decompor. É o tempo necessário para transportar sua consciência para outro lugar.

Morreu, desliga-se a consciência do indivíduo. Quanto mais violenta, menos terá consciência de que morreu.

Uma pessoa vulnerável, por exemplo, triste, depressiva, muito ansiosa, medrosa de tudo, cria o que chamamos de fuga de energia vital. Ela recalca emoções, e a energia dessas emoções emana como se fosse petróleo que acaba de ser descoberto. Fica tão intenso, tão forte, como queijo para rato; os espíritos vagantes percebem isso com extrema facilidade e vêm correndo para se alimentar dessa energia.

Efeitos que esse astral produz

A drenagem energética o impede de desempenhar em vida certas atitudes e comportamentos. Uma pessoa com companhias espirituais perde trabalho, amizades, relacionamentos, dinheiro porque deixa de sentir, de realizar-se. Tudo o que essas entidades querem é que você não sinta amor, prazer, nenhum sentimento que lhe cause bem-estar.

Como esse astral se mantém

É uma faixa que se mantém por meio de ideias negativas. Você muda a forma de entender o mundo, começa a olhar somente o pior de tudo e de todos. Isso ocorre aos poucos, às vezes leva anos e, quando percebe, já se tornou uma pessoa negativa, desconfiada, irritada, ansiosa, que acorda bastante durante a noite, que se preocupa sem necessidade.

Quando você se percebe muito lento, desanimado, sem motivo aparente, pronto. Está com companhias espirituais. Mas, e se tiver um relacionamento e a companheira ou companheiro é que estiver com obsessão, não eu? Como saber?

Fácil. Se você fica perto do seu bem, tem vontade de matá-lo. Quando está longe, morre de saudades. Se isso ocorre com frequência em seu relacionamento, a cara-metade provavelmente está sob influência espiritual.

Causas físicas, sintomas e comportamentos que gera

Preguiça, sono e moleza. Tudo fora de hora. Geralmente, ao sentir sono fora de hora, quando se recompõe, tira a soneca e volta às atividades, retorna meio zonzo, ainda cansado, ou meio aéreo, como costumam dizer.

De mais a mais, o astral inferior precisa que o indivíduo esteja bem debilitado para ter suas energias sugadas e ganhar uma entidade fixa ao seu lado. Com o tempo, vem o desvio de personalidade. Bebida, drogas, mudança de comportamento com a família, ou seja, o indivíduo encarnado vira o obsessor em pessoa. É como se não tivesse mais esperanças na vida e se transforma em um serviçal do astral inferior. Geralmente, onde há muita concentração de droga e violência, há muita gente que já tem obsessão fixa, uma entidade grudada nela.

O negócio é fazer sofrer, atrapalhar os caminhos, embora, para atrapalhar o caminho, haja necessidade de muita gente. É feito muito marketing. A pessoa vai a um determinado lugar e dizem a ela que tem entidade grudada, e não é bem assim. Às vezes tem encosto nela só para se alimentar, sem outra intenção.

Se quer saber, a pessoa pode se livrar de tudo sozinha, alterando sua faixa vibracional. O comportamento da pessoa no dia a dia tem muita força, faz toda a diferença, cria e, portanto, modifica seu astral. Ela pode afastar tudo isso [de ruim] e sair dessa, melhorar.

Não adianta só tomar banho de ervas e, ao mesmo tempo, ser uma pessoa mesquinha, semear desonestidade, criticar, ser negativa, justiceira. A pessoa justiceira tem um ego fora do normal, do comum, porque projeta ideias de que fulano está errado, não está certo; tem humor horrível, exala cheiro ruim [de pele, de suor, xixi com cheiro forte, mau hálito]. É o tipo de pessoa que se torna uma porta aberta para obsessores.

Mão na massa! Como sair desse astral

Autopasse ajuda bastante. Faça o exercício de desidentificação. Concentre-se, feche os olhos, de preferência com uma boa música, num espaço aconchegante. Escolha um dos aspectos em evidência. É cansaço, sono, preguiça? Qual é o mais forte agora?

Pois bem. Assim que souber qual é, sente-se confortavelmente. Respire fundo, umas três vezes, inspirando e soltando o ar com tranquilidade. Depois diga: "Esse sono não é meu e estou devolvendo para quem está me mandando. Essa sensação de sono não é minha. Pode voltar para quem me mandou".

Repita três vezes, de preferência, com bastante força e vontade, pois a palavra com intenção tem muita força nesse exercício.

Pode acontecer de, ao realizar um exercício desse, sentir um pouco de sono em seguida. É obsessão? De novo? Não. Fique sossegado. Simplesmente é um tipo de exercício que faz você desprender muita energia. Apenas isso.

De fato, o que vai ajudar você, numa situação dessas, é ir a um lugar que ofereça passe energético. Nada de tratamento, somente passe. Pode ser um centro espírita, uma tenda, um terreiro. Não importa, desde que seja um lugar do qual você goste, onde se sinta bem.

Mas não conheço lugar algum. Como fazer? Sempre tem um amigo, um conhecido que frequenta, que já foi, que pode lhe indicar um bom lugar para tomar passe.

Aproveite para ir a um lugar desses e, depois, quando chegar a sua casa, fazer o exercício do autopasse. Funciona muito bem. Ajuda bastante.

De certa forma, todo mundo tem um pouco de defesa, mas, claro, pode pedir ajuda, conectar-se com o astral superior, seja por meio de um pai-nosso, uma oração sincera. No caso, você tem que ter humildade, procurar ajuda, enfim...

O que também ajuda é trabalhar a sua espiritualidade. Por quê? Para ter uma amizade astral, uma proteção, um mentor. Com o tempo, vai ser mais difícil de você sofrer influências negativas.

Não é ruim. O trabalho espiritual é ótimo, mas, veja bem, desde que feito de coração, com vontade, trabalhando na sua verdade espiritual. Aí, sim, aumenta seu nível de defesa espiritual, até chegar a um ponto em que você consegue tocar a vida sem depender de guia para resolver suas questões.

Para finalizar. Você não deve ter medo de obsessão. Embora seja um processo delicado, que envolva encarnado e desencarnado, a melhor receita é viver sem julgar, nada nem ninguém. Viva sem julgamento, sem saber o que o outro foi, fez ou deixou de fazer. Cada um de nós, neste mundo, está aprendendo a lidar com as próprias fraquezas e tendo a oportunidade de dominar a si mesmo.

Por isso, viva sem julgar, viva bem, consigo e com os outros. E esqueça, por ora, o desejo de querer segurança na vida. É ilusão. O que importa é você estar bem, agora. Mais nada.

Curiosidade

A pessoa, quando está influenciada por obsessão, tem resistência a mudar. Se vai tomar passe, ela passa mal, sente enjoo, fica com impressão ruim e não volta mais para fazer tratamento.

Daí que, às vezes, precisa estar muito mal, cansada de sofrer ou desejar demais ficar muito bem. Só quem já chegou ao fundo do poço pode avaliar sua dor e a necessidade de ajuda.

Independentemente de trabalho espiritual, se você muda o padrão energético, tudo muda. E como fazer para mudar o padrão de energia e se livrar desse tipo de faixa obsessiva?

Há alternativas, como: trabalhar com incorporação; fazer e manter amizade com um guia espiritual; oração; tomar passe; ouvir boa música; tomar um banho de limpeza; fazer defumação.

Isso tudo cria resistência a que esses espíritos cheguem perto de você, ou seja, os vagantes, os perdidos sentem um choque ao se aproximarem.

Outro ponto importante é a beleza, porquanto a verdadeira beleza atrai muita coisa boa. Coisas bonitas, para você obviamente, como estar em um ambiente agradável, harmonioso, repele esse tipo de entidade.

Com o tempo, seu fiozinho engrossa, ou seja, seu cordão de prata fica impermeável e, dessa forma, torna-se mais difícil de se desencapar e você ser atacado.

Quem perdeu a crença já nada mais pode perder.

Publius Syrus

11.6 Terceiro astral inferior
Faixa astral da obsessão dirigida e roubo de memória

O que é

Desenvolver um trabalho que seja desvantajoso para um grupo grande de entidades que se alimentam dessa energia.

A pessoa escreve um livro que vai alterar o campo magnético e impedir que se alimentem. Elas [as entidades] utilizam-se dos magos que vão tentar bloquear o canal de comunicação do médium com o astral superior e tentar sugar o que ele já conseguiu canalizar. Ficam ao lado do médium, durante o sono, implantam aparelhos para monitorá-lo, gerando no médium uma crise de criatividade, sugando seu conhecimento. Depois, trocam o aparelho, substituem por outro e o médium perde a concentração, dorme, tem indisposição.

Efeitos que esse astral produz

Não adianta fazer as coisas para ficar bem, mas ficar bem para fazer as coisas.

Quem trabalha com o astral coletivo tem ajuda de mentor, passe também ajuda, mas o melhor mesmo é o médium ficar de olho. O infalível "Olhai, vigiai e orai" (Marcos 13, 33).

Como se livrar? Não planejar muito. Quanto mais forte você se põe, menos ela (essa faixa) pega você. "Quero ver quem me pega. Já viu meu grupo".

Um escritor, por exemplo, pode vestir a energia de gratidão do leitor. Você pode construir o seu astral, o astral que quiser. Tudo depende de você.

Precisa ser e ficar forte, bem sapateiro. "Se ficar, vai tomar". "Vou chamar meu exu. Se eu sair dessa cama, não queira ser você!".

Como esse astral se mantém

Coisas que se repelem orbitam a pessoa, porque são de fundo emocional. Tudo o que é ligado à emoção orbita você, fica parado e distante. Há uma conjunção de fatores para que isso ocorra, uma certa sincronização.

O envolvimento com alguém. Você termina o relacionamento com a pessoa, mas ela continua ligada em você. Haverá dificuldade de você se desligar [energeticamente] dela. Por quê? Porque, ao se conhecerem, criaram, automática e naturalmente, um astral em comum e, para se desfazer esse astral movido por emoção, será muito difícil. Ele fica orbitando em volta da pessoa.

Há um tipo de reprogramação de astral, um tipo de trabalho que fazemos e que pode interferir no astral da pessoa. Aqui, no planeta, estamos presos ao tempo. Todo envolvimento com a pessoa é muito delicado, seja um mês, sete anos. O tempo não importa, mas a intensidade de como ocorreu o envolvimento.

O tipo de reprogramação que fazemos aqui no astral é um trabalho para não ter mais nada da pessoa no sentido emocional e devolver tudo de volta para ela. Mas tudo mesmo. Podem-se levar seis meses para tirar tudo o que precisa devolver para a pessoa. Há casos que levam seis, dez anos. Mas é algo muito particular, muito seu, pois pertence única e exclusivamente à sua linha do tempo.

É que aqui no planeta se leva muito a sério a relação afetiva. "A relação de dez anos me marcou profundamente...".

Você cutuca a memória e geralmente o ser humano tem o hábito de inventar, criar memória e guardar só o que é bom. Além de guardar só o que é bom, guarda o que poderia ter sido bom. Dez anos de relação, e começa a colocar ali no meio das lembranças o que poderia ter vivido, tudo o que viveu, nunca mais vou amar nesta vida, cria e inventa situações.

Causas físicas, sintomas e comportamentos que gera

Há a necessidade de se fazer musculação cerebral, treinando o pensamento todos os dias, treinar e automatizar funções todos os dias. Há coisas que já vêm no automático, como andar, ver, comer, nascer pelos aos doze anos nos meninos etc.

O fato é que nascemos sem manual de instruções. Daí que o cérebro é danado para aprender e reproduzir, além de produzir sensações. Quando afasta a gravitação, a órbita, às vezes ele pode captar sensações e memórias de outras vidas. Tudo é baseado em reação química no cérebro.

O tempo também exerce uma função importante sobre você. Quando vive uma experiência muito intensa, parece que o tempo parou, você entra em um estado alucinante. De certa forma, esse é o grande barato da vida.

É da natureza da pessoa ir além. Se estivéssemos felizes e satisfeitos com a tevê em preto e branco, nunca iríamos atrás da colorida.

O problema atual, dos dias de hoje, por exemplo, é que estão tentando fazer o cinema e a tevê mais próximo do real, tipo 4D, sendo que justamente a pessoa vai ao cinema para fugir da realidade. Ela quer paz, porque o tempo pesa demais sobre ela. O indivíduo quer sair de casa para se divertir e não para se atormentar.

O sentido deste livro é comparar a estrutura universal [galáxia, tempo, profundidade, calor] com a vida da pessoa, porque tudo é reflexo do ser humano, que, por sua vez, é reflexo do universo. Assemelhar as coisas ajuda muito a entendê-las.

Quanto mais lê, estuda e amplia seu conhecimento, mais aumenta sua magnitude espiritual. Ao estudar e compreender o funcionamento das faixas astrais, você tem maior compreensão ou desenvolve mais compaixão pelo próximo, pelos outros, porque começa a entender o como e o porquê das coisas, a maneira etc. E chega à conclusão de que sua vida social é insignificante perto da vida astral.

Muito do sucesso vai da interpretação que a pessoa faz das situações que vive. A mulher abandona o marido. Em vez de ele se entregar à bebida e sofrer, inventa um aplicativo *x* que faz enorme sucesso, facilita a vida das pessoas e traz muita prosperidade para a vida dele.

Mão na massa! Como sair desse astral

Sabe, muita gente não é honesta consigo mesma. Vive de aparência. Está comendo em tal lugar ou frequentando outro tal local, mas não está vivendo. Posta fotos de prato de comida ou de lugares de suas viagens em redes sociais, mas não faz uma *selfie* de sua alma. Apenas mostra a aparência, o que quer mostrar aos outros sem sua verdadeira essência.

Brincadeira rápida, ao estilo Saramago, meio que *Ensaio sobre a cegueira*. Imagine todo mundo cego. Como fazer o outro perceber que você é bom? Como você, que está lendo estas linhas, faria para revelar seus valores e suas qualidades ao mundo sem que pudessem ver seu rosto, seu corpo? Se só pudessem escutar sua voz, suas ideias, que você é do bem. A aparência não conta em nada. Como seria?

É. Vivemos hoje o jogo da manipulação externa. As pessoas vendem uma vida que não têm. Por esse motivo, em uma rede social, o indivíduo vende a vida que não teve, que gostaria de ter [cria memória, lembra-se de que já tocamos nesse assunto?], ou seja, a pessoa entra no jogo da burrice de interpretação de acontecimentos do cotidiano da vida dela. Simples assim.

Daí que tirar vantagem sobre a interpretação de tudo é o diferencial que fará de você uma pessoa que se dá bem ou não na vida.

Curiosidade

Partindo da premissa de que todas as pessoas são médiuns, acabamos com o chavão de que médium seja alguém especial, cumprindo missão no planeta, diferente dos outros, com um dom que Deus deu só para ele.

É bom compreender que todos nós temos sensibilidade. Algumas pessoas a têm mais aguçada que outras, e há graus de sensibilidade diferentes, só isso. Ninguém, em hipótese alguma, é melhor ou pior por ter essa qualidade mais forte. Só é diferente.

Veja o exemplo: não existe o mais burro ou o menos burro, mas aquele que se prontifica a estudar, entender, absorver conhecimentos, e o outro que não gosta de dar atenção ao estudo.

A inteligência, como a compreendemos, é uma dimensão, sendo assim, pode ser acessada. E eu tenho acesso a esta dimensão quando adoto uma postura que me possibilite fazer isso, que eu possa adquirir conhecimento e o pessoal da Terra também.

Dessa forma, nada impede que alguém no mundo tenha o conhecimento que também tenho. No caso acima, do mais ou menos burro, ambos têm como acessar a dimensão da inteligência para aprender, porém, somente a usam de maneira distinta.

Com a sensibilidade não é diferente. Se você prestar atenção na sua sensibilidade, tiver boa vontade para perceber melhor como sente as coisas, as pessoas, o mundo, você vai dar alimento para que ela cresça em você. Tudo aquilo em que você põe atenção e estimula dentro de si acaba crescendo, sempre. Isto revela, também, como todos nós somos sensíveis.

Muita gente acredita que, pelo fato de ser médium, está sempre pegando carga, energia negativa dos outros, do ambiente, como se fosse uma esponja, um absorvente, sem controle, por conta da hipersensibilidade. Alega fazer parte do destino, carma, evolução, enfim, está sempre em desarmonia, desequilíbrio, desencaixe.

Infelizmente, quem se sente assim está, de fato, em desequilíbrio, mas não tem nada a ver com o fato de ser médium. O desequilíbrio vem das próprias emoções mal resolvidas, da falta de firmeza interior, da baixa autoestima etc.

Ao longo desta obra, conforme as faixas astrais têm sido detalhadamente mostradas, a forma como atuam e como fazer para se livrar delas, você percebe que o problema não é a sua sensibilidade, mas o conjunto de crenças, posturas, a maneira como você enxerga a vida que lhe causa desconforto, e não sua sensibilidade.

Ficou claro que pega carga energética pesada, sofre influências astrais ruins quem não dá atenção ao que sente, porque não distingue o que é seu do que é do outro. Simples assim.

> *Em geral é assim: a gente sabe melhor o que não quer.*
>
> Patrice Chéreau

12
Questões para reflexão

Como você ousa olhar para mim com esse tom de voz?

Patti Putnicki

Atualmente, o modelo de vida física ficou muito longo, ou seja, tem-se estendido por muito tempo. De certo modo, é bom que você tenha oitenta, noventa anos e esteja bem.

É imprescindível que você questione mais. Como assim? Perguntar, ir fundo nas questões, ter o direito de acreditar ou não em algo. Deus existe? Ou não? Por que Ele me castiga se me criou? Eu o reverencio, mas não seria Ele a me reverenciar, já que sou seu filho? Por que não posso me relacionar afetivamente com mais de uma pessoa?

Ao questionar, você busca o conhecimento e inicia um caminho de pensar por conta própria, sem precisar ou ficar dependente de religião, dogmas, tampouco de correntes filosóficas. Você se sente dono de si mesmo para escolher o que pensar, em que pensar e como pensar suas questões.

Levando em consideração tais observações, vamos dar uma pausa. Foram muitas explicações, informações e, para ajudá-lo a entender melhor todo esse processo, resolvemos lançar aqui perguntas para levá-lo à reflexão ou, simplesmente, questões para provocar a sua mente.

Apesar de ter lido praticamente todo o livro e ter entendido muita coisa, escolhemos oitenta questões, suficientes para você ter, no mínimo, de dois a três meses com uma nova pergunta para refletir a cada dia. Boas reflexões.

1. Quantos anos você teria se não soubesse quantos anos você tem?

_____

_____

_____

_____

2. O que é pior: falhar ou nunca tentar?

_____

_____

_____

3. Se a vida é tão curta, por que você faz tantas coisas de que não gosta e gosta de tantas coisas que não faz?

_____
_____
_____

4. Quando tudo já está dito e feito, será que você disse mais do que fez?

_____
_____
_____

5. O que você mais gostaria de fazer para mudar o mundo?

_____
_____
_____

6. Se a felicidade fosse a moeda nacional, que tipo de trabalho o tornaria rico?

_____
_____
_____

7. Você está fazendo o que acredita, ou você se contenta com o que está fazendo?

8. Se a expectativa de vida humana média fosse de quarenta anos, você viveria sua vida de forma diferente?

9. Até que ponto você realmente controlou o curso da sua vida?

10. Você está mais preocupado em fazer as coisas direito ou está fazendo as coisas certas?

11. Você está almoçando com três pessoas que respeita e admira. Todos começam a criticar um amigo íntimo seu não sabendo que é seu amigo. A crítica é de mau gosto e injustificada. O que você faz?

12. Se você pudesse oferecer a um recém-nascido só um conselho, qual seria?

13. Você seria capaz de violar uma lei para salvar uma pessoa amada?

14. Você já viu insanidade onde depois viu criatividade?

15. Pense em algo que você sabe e que você faria diferente da maioria das pessoas.

_____
_____
_____
_____

16. Como podem as coisas que fazem você feliz não fazerem todos felizes?

_____
_____
_____
_____

17. Qual a coisa que você não fez e que você realmente quer fazer? O que o está prendendo?

_____
_____
_____
_____

18. Você está se apegando a algo que precisa deixar ir?

_____
_____
_____
_____

19. Se você tivesse que se mudar para um estado ou país além do que vive no momento, para onde você iria e por quê?

---

20. Você prefere ser um gênio preocupado ou uma pessoa simples e alegre?

---

21. Você aperta o botão do elevador mais de uma vez? Você realmente acredita que isso fará o elevador chegar mais rápido?

---

22. Por que você está onde está?

---

23. Você é o tipo de amigo que quer a si como amigo?

_____
_____
_____

24. O que é pior: quando um bom amigo se afasta, ou perder o contato com um bom amigo que mora bem perto de você?

_____
_____
_____

25. Qual a coisa a que você é mais agradecido na vida?

_____
_____
_____

26. Você prefere perder todas as suas velhas memórias ou nunca ser capaz de fazer novas amizades?

_____
_____
_____

27. Será que é possível saber a verdade sem desafiá-la primeiro?

_____

_____

_____

28. Alguma vez o seu maior medo se tornou realidade?

_____

_____

_____

29. Você se lembra daquela vez, tempos atrás, quando você estava extremamente chateado? Será que aquilo realmente importa agora?

_____

_____

_____

30. Qual é a sua memória mais feliz da infância? O que a torna tão especial?

_____

_____

_____

31. Recentemente, em que momento você sentiu mais apaixonado e vivo?

_____
_____
_____

32. Se não for agora, então, quando?

_____
_____
_____

33. Caso você não tenha conseguido ainda, o que você tem a perder?

_____
_____
_____

34. Alguma vez você já esteve com alguém, não disse nada, mas depois que se afastou sentiu que poderia ter tido a melhor conversa da sua vida?

_____
_____
_____

35. Por que as religiões que apoiam o amor causam tantas guerras?

36. É possível saber, sem sombra de dúvida, o que é bom e o que é mau?

37. Se você ganhasse um milhão de dólares, você sairia do seu trabalho atual?

38. Você prefere ter menos trabalho para fazer, ou mais trabalho que você realmente gosta de fazer?

39. Você sente como se tivesse vivido o dia de hoje cem vezes antes?

---

40. Quando foi a última vez que você seguiu um caminho apenas com o brilho suave de uma ideia em que você acreditava fortemente?

---

41. Se você soubesse que todos que você conhece morreriam amanhã, quem você visitaria hoje?

---

42. Você estaria disposto a reduzir sua expectativa de vida em dez anos para se tornar extremamente atraente ou famoso?

43. Qual é a diferença entre estar vivo e realmente viver?

_____
_____
_____

44. Quando é hora de parar de calcular riscos e recompensas, e ir em frente para conseguir o que se quer?

_____
_____
_____

45. Se você acredita que aprende com os erros, por que está sempre com medo de cometer outro erro?

_____
_____
_____

46. O que você faria de forma diferente se soubesse que ninguém iria julgá-lo?

_____
_____
_____

47. Quando foi a última vez que notou o som da sua própria respiração?

48. O que você ama? Em alguma de suas ações recentes expressou abertamente esse amor?

49. Em cinco anos a partir de agora, você vai lembrar o que você fez ontem? E sobre o dia antes desse? Ou no dia anterior?

50. As decisões estão sendo feitas agora. A pergunta é: você as está tomando por si ou está deixando que os outros as tomem por você?

51. Você trabalha para viver ou vive para trabalhar?
___
___
___

52. Você nunca esteve tão apaixonado (a) e acabou de levar um fora. Como lidaria com esse término?
___
___
___

53. Se fosse diagnosticado com uma doença terminal, com no máximo seis meses de vida, quais seriam suas prioridades?
___
___
___

54. Se Deus criou tudo isso, por que não assinou a obra?
___
___
___

55. Qual a sua ideia de imortalidade?

_____
_____
_____
_____

56. Tem medo de morrer? Se sim, por quê? Se não, por quê?

_____
_____
_____
_____

57. Para você, qual é o sentido da vida?

_____
_____
_____
_____

58. Você tem amigos? Reflita sobre a sua relação com eles no dia a dia [amizade, carinho, respeito, admiração, consideração, confiança].

_____
_____
_____
_____

59. O que você faria neste exato momento, se ganhasse milhões?

___

60. Você se coloca em primeiro lugar, ou se sente pressionado, algumas vezes, a deixar de fazer algo para não desapontar alguém que goste?

___

61. Você se incomoda muito com o que pensam ou falam a seu respeito?

___

62. Você acredita que tem poder para mudar seu destino?

___

63. Você prefere ser certinho ou ser feliz?

64. Você largaria tudo para viver um grande amor?

65. O que você gostaria de esquecer?

66. Você beijou alguém nos últimos dez dias?

67. Você guarda mágoa? De quem? Por quê?

68. O que faria se o dia tivesse trinta horas?

___

___

___

69. Quem você gostaria de mandar para aquele lugar hoje?

___

___

___

70. Descreva você em três palavras.

___

___

___

71. Descreva a pessoa de quem menos gosta ou tem mágoa em três palavras.

___

___

___

___

72. Você acredita que seja uma pessoa ética? Justifique.

_____
_____
_____

73. Costuma ficar doente? Com que frequência?

_____
_____
_____

74. Se no momento de uma discussão, por mais boba que seja, pudesse se transformar em um bicho, em qual você se transformaria?

_____
_____
_____
_____

75. O que você considera um lar de verdade?

_____
_____
_____
_____

76. Você se considera uma pessoa de sorte?

77. Como você se vê daqui a cinco anos?

78. Se você tem um relacionamento afetivo, numa escala de zero a dez, quanto ainda gosta da pessoa?

79. Você acredita que fazer sexo casual é traição?

80. Namoraria você?

13
Mestre Zalu
e sua história

*Nossa morte é simples.
A dos outros que é insuportável.*

Jean Cocteau

Cachoeira era um mestiço encorpado, fortão, alto para os padrões da época e era uma espécie de assistente de capataz. Trabalhava em uma grande fazenda de café, ao norte de Minas Gerais, que se estendia até a divisa com a Bahia.

A partir da adolescência, começou a ter sonhos com um mago. Nesses sonhos, aprendia magia e fazia trabalhos com base no aprendizado desses feitiços.

Morreu em 1897, assassinado pelo Zé Baiano, e seu espírito permaneceu pela fazenda aguardando os demais empregados morrerem, incluindo entre eles o proprietário, até que pudesse resgatar a todos e levá-los para organizar a Ordem de Zalu, fundada no início da década de 1950.

Seu Zé Baiano, que hoje trabalha com Cachoeira, era o capataz de uma fazenda vizinha. Morreu por picada de cobra, urutu-cruzeiro [tem o desenho de uma cruz na cabeça, daí o nome], uma cobra que, se não mata a pessoa, ao menos necrosa a parte do corpo que picou.

Zé soube, em espírito, que morrera por conta de magia feita por Cachoeira, ou seja, que a cobra que o picara estava enfeitiçada. Embora tivesse matado o Cachoeira, tomado por profundo ressentimento, quis tirar satisfações. A briga entre os dois espíritos durou exatos sete anos.

Depois de muita briga e, consequentemente, entendimentos, houve uma trégua com Zé. Ele aceitou o convite de Cachoeira e foi trabalhar em Cruzeiro. Era baiano e tornou-se baiano Exu. Por tanto medo de morrer e por ter sido picado por cobra, Zé passou a andar sempre cercado de cobras, o que se tornou a força dele, e também não gosta de ninguém atrás dele.

É muito forte, homem de muita força e é bom para arrancar "as coisas" das pessoas. É desbocado e irreverente, porquanto faz parte do carisma dele.

Afinal, para que serve este livro?

> *O saber se aprende com os mestres.*
> *A sabedoria, só com o corriqueiro da vida.*
>
> Cora Coralina

    Este livro é um ponto de partida. Sentir o astral, o mundo das energias, ter um presságio, sentir medo, envolver-se em casos de obsessão espiritual... Ou você já teve algum contato com isso, ou ouviu algo a respeito, conheceu alguém que passou por algum processo relativo às questões pertinentes ao ambiente extrafísico.

    Procuramos mostrar, a partir de uma coautoria entre amigos encarnados e desencarnados, como o pensamento flui no mundo astral e, explicando as questões energéticas por meio de faixas, torna-se mais fácil a compreensão do assunto para você.

Portanto, o autoconhecimento é fundamental. Não é a faixa do medo que pega você, mas é você quem se permite entrar na faixa do medo.

Quem é você? Como você cria uma energia que se esparrama de forma invisível e faz com que as pessoas o tratem de forma mais simpática ou não, de forma mais respeitosa ou não, valorizem mais você ou não, respeitem você ou não?

É um livro que o torna ciente de algo que não conhecia, depois o enche de dúvidas; em seguida, procura sanar suas dúvidas para, finalmente, quando você compreender esse universo energético, conseguir entender o seu passado.

E por que entender o passado é importante? O passado, em si, não serve para nada. Mas os medos, as situações, as pessoas que o prejudicaram ainda estão presos em sua mente. Daí que olhar para tudo isso, dar uma olhada para trás com essa nova perspectiva o levará a um estado de saúde mental, emocional e espiritual para assumir de vez que você foi responsável por tudo o que aconteceu, o que acontece e o que ainda vai acontecer em sua vida.

Olhar para as questões passadas só vai ajudá-lo a assumir a autoria de sua vida, mais nada. Porque, como foi dito anteriormente, o passado já se foi, no entanto, as situações, os medos, os traumas que ocorreram ainda perduram, mas estão somente em sua cabeça.

Esse processo como um todo, de forma clara e racional, só pode acontecer ou começar a florescer em sua vida quando você está bem consigo mesmo.

Infelizmente, a maioria das pessoas está na hipnose, presa em conceitos preconcebidos, preestabelecidos, dominados por religiões, preconceitos de toda sorte, e sua personalidade fica afetada pela falta de liberdade espiritual.

Afinal de contas, por que seguir os ditames do mundo? A Igreja prega que não se pode matar, mas, no passado, queimou muita gente.

A religião, grosso modo, foi criada para você se sentir igual ao próximo. A esmagadora maioria dos seres não tem estrutura emocional para lidar com críticas com os dedos do mundo apontados contra si.

Você tem medo do que os outros pensam a seu respeito, do que acham de você, se você será bem-aceito em seu círculo de amigos, familiar, no seu trabalho.

Tudo o que foi apresentado neste livro serve, justamente, para ajudá-lo a sair do círculo vicioso em que muitos estão presos ainda. É ir ao encontro daquilo que você quer para você. Por exemplo: gosta de criança? Tenha filhos, trabalhe com instituições em que haja crianças, tudo que envolva o universo infantil.

Gosta de bichos? Vá se envolver em trabalhos que envolvam cachorros, gatos, animais abandonados... e por aí vai.

Você deixa de fazer o que realmente sente vontade por conta do que os outros acham que seria melhor para você, ou seja, fica inseguro, preso na camada do medo.

O melhor, mesmo, é conhecer cada camada, saber a maneira como você entra e sai dela, como perceber formas de viver cada vez menos suscetíveis à influência das energias que vêm dessas faixas astrais.

Exemplo básico: ao acordar, faça mentalização, ligue-se em coisas boas, procure valorizar o que sente, perceba melhor como as pessoas que estão à sua volta podem afetá-lo, de forma positiva ou negativa.

Quanto mais estiver atento a tudo o que acontece à sua volta, energeticamente falando, mais fácil tudo ficará para você. A vida vai seguir mais fácil, tenha certeza.

Esperamos que você tenha, a partir desta leitura, um dia a dia mais prazeroso, mais leve e, consequentemente, mais alegre, porque a alegria é, de fato, o tônico da alma.

Não seja hoje o que foi ontem; crie e se reinvente todos os dias, da melhor maneira que você consiga fazer. Faça o bem, propague o bem e, assim, você irá ajudar a iluminar o mundo!

Encontramos você no próximo livro. Se você durar até lá, é claro...

Cachoeira, Helton e Marcelo
Porto Seguro, 16 de setembro de 2016.

Agradecimentos

Um livro nunca se faz sozinho. Sempre há ajuda dos amigos espirituais a nos inspirar, dar um toque, uma orientação para que o trabalho saia sempre o melhor possível, e o leitor possa extrair o máximo de ensinamentos.

Este, em particular, além de ter sido escrito a seis mãos, contou com o carinho do grupo de estudos e apoio espiritual das segundas-feiras, no Espaço da Espiritualidade Independente, na cidade de São Paulo, carinhosamente conhecido como a "turma do porão de segunda", que, brincadeiras com o trocadilho, a bem da verdade, é uma turma de primeira!

Trata-se de pessoas que têm uma vida cheia de compromissos, os mais variados: trabalho, amores, filhos, animaizinhos de estimação, família, parentes adoentados, estudo, saúde comprometida, algumas moram longe e, no entanto, faça chuva, calor insuportável, frio, haja greve de ônibus ou metrô, trânsito engarrafado, enfim, não importa o que aconteça, esse pessoal está sempre ali presente, pontualmente às seis e meia da tarde, para iniciar os estudos teóricos, práticos e, em seguida, tratamento espiritual a quem necessita.

Graças a todos eles, pudemos conhecer, estudar, colocar em prática tudo o que discorremos nestas páginas acerca dos aspectos das seis faixas astrais. Sem esse grupo, este livro não existiria.

A todos vocês, o nosso carinho, a nossa gratidão.

Muito obrigado a todos, de coração.

Grandes sucessos de
Zibia Gasparetto

Com 17 milhões de títulos vendidos, a autora tem contribuído para o fortalecimento da literatura espiritualista no mercado editorial e para a popularização da espiritualidade. Conheça os sucessos da escritora.

Romances
pelo espírito Lucius

- A verdade de cada um
- A vida sabe o que faz
- Ela confiou na vida
- Entre o amor e a guerra
- Esmeralda
- Espinhos do tempo
- Laços eternos
- Nada é por acaso
- Ninguém é de ninguém
- O advogado de Deus
- O amanhã a Deus pertence
- O amor venceu
- O encontro inesperado
- O fio do destino
- O poder da escolha
- O matuto
- O morro das ilusões
- Onde está Teresa?
- Pelas portas do coração
- Quando a vida escolhe
- Quando chega a hora
- Quando é preciso voltar
- Se abrindo pra vida
- Sem medo de viver
- Só o amor consegue
- Somos todos inocentes
- Tudo tem seu preço
- Tudo valeu a pena
- Um amor de verdade
- Vencendo o passado

Romances
Editora Vida & Consciência

Amadeu Ribeiro

A visita da verdade
Juntos na eternidade
O amor não tem limites
O amor nunca diz adeus

Reencontros
Segredos que a vida oculta vol.1
A beleza e seus mistérios vol.2
Amores escondidos vol. 3

Ana Cristina Vargas
pelos espíritos Layla e José Antônio

A morte é uma farsa
Em busca de uma nova vida
Em tempos de liberdade
Encontrando a paz
Ídolos de barro

Intensa como o mar
Loucuras da alma
O bispo
O quarto crescente
Sinfonia da alma

André Ariel

Em um mar de emoções
Eu sou assim
Surpresas da vida

Carlos Henrique de Oliveira

Ninguém foge da vida
Tudo é possível

Carlos Torres

A mão amiga
Querido Joseph (pelos espírito Jon)

Cristina Cimminiello
O segredo do anjo de pedra

Eduardo França
A escolha
A força do perdão
Enfim, a felicidade
Vestindo a verdade
Vidas entrelaçadas

Evaldo Ribeiro
Eu creio em mim
O amor abre todas as portas (pelo espírito Maruna Martins)

Flávio Lopes
A vida em duas cores
Uma outra história de amor

Floriano Serra
A grande mudança
A outra face
Ninguém tira o que é seu
Nunca é tarde
O mistério do reencontro
Quando menos se espera...

Gilvanize Balbino
De volta pra vida (pelo espírito Saul)
Horizonte das cotovias (pelo espírito Ferdinando)
O símbolo da vida (pelos espíritos Ferdinando e Bernard)

Leonardo Rásica
Celeste - no caminho da verdade

Lucimara Gallicia
pelo espírito Moacyr

O que faço de mim?
Sem medo do amanhã

Lúcio Morigi
O cientista de hoje

Marcelo Cezar
pelo espírito Marco Aurélio

A última chance
A vida sempre vence
Coragem para viver
Ela só queria casar...
Medo de amar
Nada é como parece
Nunca estamos sós
O amor é para os fortes
O preço da paz
O próximo passo
O que importa é o amor
Para sempre comigo
Só Deus sabe
Treze almas
Tudo tem um porquê
Um sopro de ternura
Você faz o amanhã

Márcio Fiorillo
Nas esquinas da vida

Maura de Albanesi
pelo espírito Joseph

O guardião do Sétimo Portal

Meire Campezzi Marques
pelo espírito Thomas

A felicidade é uma escolha
Cada um é o que é

Mônica de Castro
pelo espírito Leonel

A força do destino
A atriz
Apesar de tudo...
Até que a vida os separe
Com o amor não se brinca
De frente com a verdade
De todo o meu ser
Desejo – Até onde ele pode te levar? (pelos espíritos Daniela e Leonel)
Gêmeas
Giselle – A amante do inquisidor
Greta
Impulsos do coração
Jurema das matas
Lembranças que o vento traz
O preço de ser diferente
Segredos da alma
Sentindo na própria pele
Só por amor
Uma história de ontem
Virando o jogo

Rose Elizabeth Mello

Como esquecer
Desafiando o destino
Os amores de uma vida
Verdadeiros Laços

Sérgio Chimatti
pelo espírito Anele

Apesar de parecer... Ele não está só
Ecos do passado
Lado a lado
Os protegidos
Um amor de quatro patas

Conheça mais sobre espiritualidade com outros sucessos.

vidaeconsciencia.com.br   /vidaeconsciencia   @vidaeconsciencia

ZIBIA GASPARETTO
Eu comigo!

*"Toda forma de arte
é expressão da alma."*

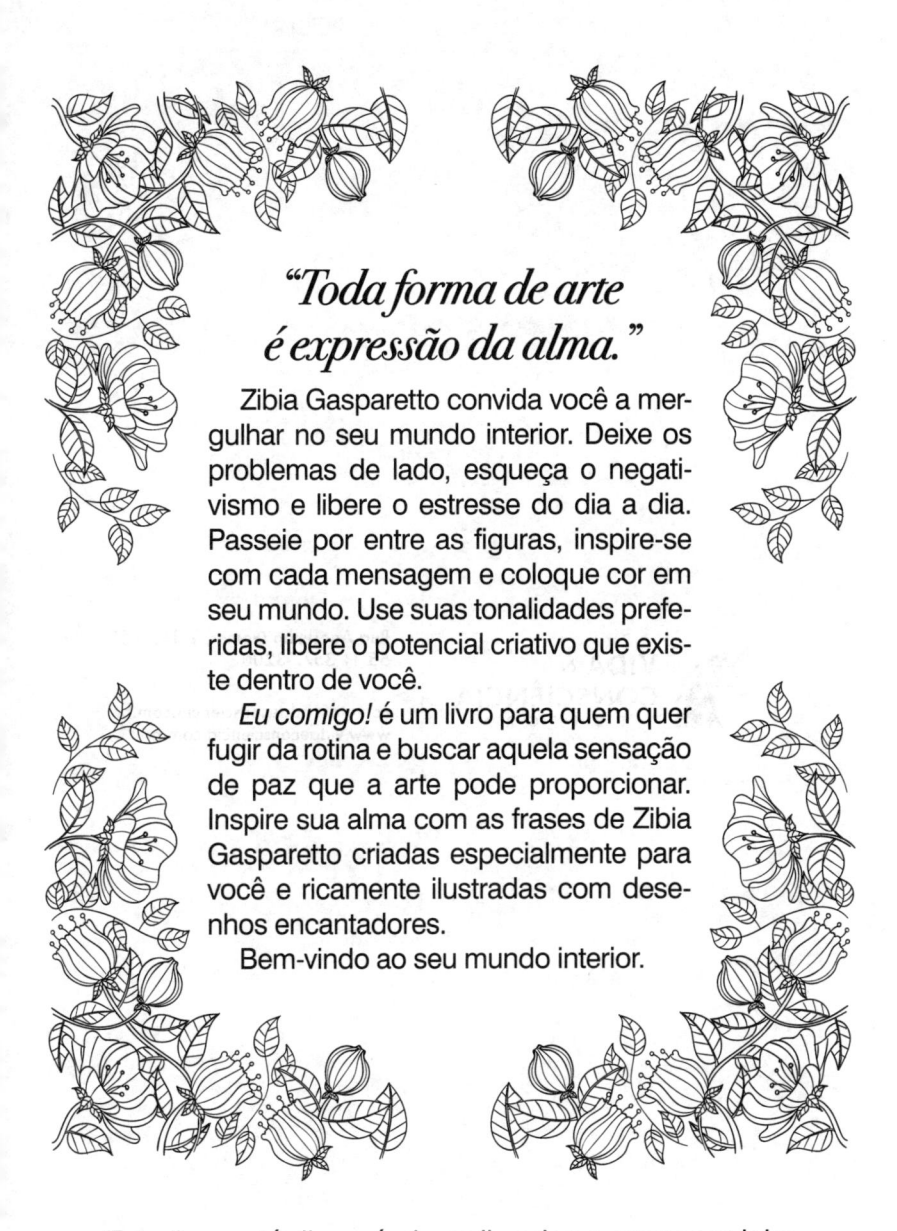

Zibia Gasparetto convida você a mergulhar no seu mundo interior. Deixe os problemas de lado, esqueça o negativismo e libere o estresse do dia a dia. Passeie por entre as figuras, inspire-se com cada mensagem e coloque cor em seu mundo. Use suas tonalidades preferidas, libere o potencial criativo que existe dentro de você.

Eu comigo! é um livro para quem quer fugir da rotina e buscar aquela sensação de paz que a arte pode proporcionar. Inspire sua alma com as frases de Zibia Gasparetto criadas especialmente para você e ricamente ilustradas com desenhos encantadores.

Bem-vindo ao seu mundo interior.

Este livro está disponível nas livrarias e em nossa loja:
www.vidaeconsciencia.com.br

VIDA & CONSCIÊNCIA
EDITORA

Rua Agostinho Gomes, 2.312 – SP
55 11 3577-3200

contato@vidaeconsciencia.com.br
www.vidaeconsciencia.com.br